Natur erleben

Boden – Entstehung, Ökologie, Schutz

Natur erleben

Eckhard Jedicke

Boden

Entstehung, Ökologie, Schutz

Otto Maier Ravensburg

Der Autor: Eckhard Jedicke, Jahrgang 1962, Diplomgeograph, mehrfacher Preisträger bei „Jugend forscht" und „Reporter der Wissenschaft", freiberuflicher Journalist mit den Schwerpunktthemen „Umwelt" und „Naturschutz", engagierter Naturschützer, Autor von Zeitschriftenbeiträgen und Büchern. Von demselben Verfasser ist im Ravensburger Buchverlag bereits erschienen: „Natur erleben: Kleingewässer – Teiche, Tümpel, Weiher"

CIP-Titelaufnahme der Deutschen Bibliothek:

Jedicke, Eckhard:
Boden: Entstehung, Ökologie, Schutz / Eckhard Jedicke. –
Ravensburg: Maier, 1989
(Natur erleben)
ISBN 3-473-46093-1

Umschlaggestaltung: Ekkehard Drechsel
Umschlagfotos: Eckhard Jedicke
Zeichnungen: Erhard Poßin
Satz: Fotosatz Ruderer, Grünkraut
Gesamtherstellung: Himmer, Augsburg
Printed in Germany

93 92 91 90 89 5 4 3 2 1

ISBN 3-473-46093-1

Inhalt

Vorwort

Mit Leichtigkeit gräbt sich die Baggerschaufel in den Boden. Innerhalb weniger Sekunden ist etwas zerstört, das Jahrtausende zu seiner Entstehung benötigte – ein ganz normaler Vorgang, der ungezählte Male jeden Tag passiert.
Lebenselement Boden: Die 30, 100 oder 200 cm unter unseren Füßen entscheiden über die Existenz des größten Teils der Pflanzen und Tiere, unserer gesamten Landschaft und nicht zuletzt auch der menschlichen Nahrungsgrundlage. Die enorme ökologische Bedeutung des Bodens blieb in weiten Teilen der Bevölkerung bislang noch weitgehend unbekannt. Mit der Bodenkunde als Wissenschaft befassen sich nur vergleichsweise wenige Akademiker und Forscher. Unter Laien gewinnt das Thema erst neuerdings an Interesse.
Um diese Defizite abbauen zu helfen, will dieses Buch allgemeinverständlich in die Grundlagen der Entstehung und Funktion mitteleuropäischer Böden einführen sowie Anregungen zur eigenen, oft spannenden Erkundung des Lebensraumes Boden vermitteln. Zugleich soll es aber auch deutlich auf die mannigfaltigen Gefährdungen der unschätzbar wertvollen ökologischen Wechselwirkungen im Boden und die unbedingt notwendigen Bodenschutzmaßnahmen hinweisen. Trotz der globalen Bedrohung bleiben auch dem einzelnen genug Möglichkeiten, selbst aktiv zu werden.
Nahezu alle unsere aktuellen Umweltprobleme wirken sich drastisch auf die Böden aus, die Folgen sind noch kaum absehbar. Die Crux liegt darin, daß die Böden über Jahre hinweg viele Umweltschadstoffe stillschweigend schlucken. Plötzlich jedoch läuft das Faß über, die Zeitbombe explodiert und sorgt für eine Verseuchung von Boden, Grundwasser, Pflanzen, Tieren und Menschen. Das Beispiel des unvermittelt freigesetzten Aluminiums als Folge der Bodenversauerung führt uns dieses Problem eindrucksvoll vor Augen.
Wer sich für den Bodenschutz engagieren will, muß globalen Umweltschutz praktizieren. Wenn dieses Buch das Wissen und Gewissen in diese Richtung schärft und zum Handeln animiert, hat es sein Ziel erreicht.

Eckhard Jedicke

Vorwort

Der Boden – Grundlage des Lebens

Eine Handvoll Erde – was ist das schon? Für den größten Teil der Bevölkerung einfach Dreck, der an den Schuhen klebt, für die Landwirte und Gärtner oft nur nüchtern ein Produktionsmittel, aus dem sie das Maximale herauszuholen bemüht sind.
Je mehr man sich jedoch mit dem Boden beschäftigt, desto interessanter und faszinierender wird das Thema: Die dünne, oft nur 5, 10 oder 30 cm messende Zone ist nicht nur die Grundlage unserer Ernährung. Sie stellt ein hochkomplexes Ökosystem dar – einen Lebensraum von Pflanzen und Tieren, ein Depot und „Umschlagplatz" für Nährstoffe und Wasser, aber auch für Schadstoffe.
Das bißchen Erde, das wir nicht nur mit Füßen treten und mit viel zu schweren Maschinen belasten, sondern auch mit Beton und Asphalt versiegeln, mit Giften vollpumpen – ein kompliziertes System, welches selbst die Bodenkundler noch nicht in allen Einzelheiten verstehen und das, als unser aller Lebensgrundlage, hochgradig bedroht ist.

Was im Boden alles drinsteckt

Am Steinbruchrand lassen sich der Aufbau und in Hanglage auch die unterschiedlichen Entwicklungstiefen der Bodenprofile besonders gut beobachten. An stark geneigten Hängen rutschen Verwitterungsschutt und entwickelter Feinboden oft immer wieder ab, so daß am Hangfuß mächtige „Fließerden" aus dem oberhalb abgetragenen Material entstehen.

Eine Definition vorweg: Der Boden als belebter Teil der Erdkruste wird nach unten durch das Gestein, nach oben durch die Pflanzendecke und die Atmosphäre begrenzt. Er besteht aus lockerem Verwitterungsmaterial, welches im typischen Fall in einer Jahrhunderte bis Jahrtausende währenden und auch heute fortlaufenden Entwicklung aus dem darunterliegenden Ausgangsgestein durch physikalische, chemische und biologische Prozesse entstand.
Böden sind sogenannte dreiphasige Systeme mit festen, flüssigen und gasförmigen Bestandteilen:

- Minerale (die anorganische Substanz, die aus der Gesteinsverwitterung hervorging) und Humus (die organische Substanz aus toten Pflanzen- und Tierteilen) bilden die feste Phase des Bodens; sie machen zusammen jedoch durchschnittlich nur die Hälfte des Bodenvolumens aus. Die übrigen 50 % werden von Poren eingenommen, die zu

wechselnden Anteilen mit der Bodenlösung und der Bodenluft gefüllt sind.

- Die Bodenlösung wird von dem im Boden befindlichen Wasser gebildet. In ihm sind verschiedene Salze – auch die Pflanzennährstoffe – und Gase gelöst.
- Die Bodenluft füllt diejenigen Porenräume aus, in denen sich kein Wasser befindet. Dringt Niederschlagswasser in den Boden ein, so führt das zur Verdrängung eines Teils der Bodenluft.

Gerade das Beispiel der Bodenluft zeigt, daß Böden kein in sich geschlossenes, sondern ein offenes System darstellen: Mit der Luft in den Porenräumen zieht sich die Atmosphäre bis in den Boden hinein. So durchdringen sich die unterschiedlichen Sphären sehr intensiv: Das System der Böden,

Links:
Ein Boden besteht nicht bloß aus Erde. Er ist ein kompliziertes System aus mineralischen Bestandteilen, luft- und wassergefüllten Poren, Hohlräumen sowie einem intensiven Bodenleben. Die Pflanzen durchdringen den Boden mit ihren Wurzeln, die zur Wasser- und Nährstoffaufnahme sowie zur Verankerung dienen. Von abgestorbenen Blättern und anderen Pflanzenteilen leben beispielsweise Käfer und Regenwürmer, die an Um- und Abbauvorgängen und damit an der Humusbildung beteiligt sind. Im Untergrund entsteht durch die Verwitterung des Gesteins neues Bodenmaterial.

die Pedosphäre, bildet einen Übergangsbereich zwischen der Atmosphäre (der Lufthülle der Erde), der Lithosphäre (dem Gestein), der Biosphäre (dem durch Pflanzen und Tiere belebten Raum) und der Hydrosphäre (die Wasserflächen einschließlich des Grundwassers).

Superlative im Boden

Böden liefern auch eine Reihe von Superlativen. So weisen sie eine enorme Oberfläche auf: Je nach Größe der mineralischen Teilchen, die ihn aufbauen, besitzt ein Boden bei nur 25 cm Mächtigkeit pro Quadratmeter leicht eine sogenannte „innere Oberfläche" von einem oder mehreren Quadratkilometern. Und dort ist „die Hölle los": Ständig läuft hier eine nicht zu überblickende Vielfalt an Reaktionen ab, die für das Fortbestehen des Systems Boden lebenswichtig sind. Millionen von Bakterien bevölkern ein einziges Gramm an Bodensubstanz. Auf einem Hektar (10 000 m^2) Wiesenfläche leben durchschnittlich 1 bis 2 Tonnen Regenwürmer.
Ein Heer von Wirbellosen wie Geißeltierchen, Wurzelfüßer, Fadenwürmer, Rädertierchen und Gliederfüßer läßt sich in jedem Boden finden. Gäbe es sie nicht, die Erde sähe ganz anders aus, und die im Herbst zu Boden fallenden Blätter würden nie zersetzt. Gerade der Humus aber stellt als biologisch hochaktiver Bodenbestandteil die wichtigste Grundlage der Nährstoffkreisläufe dar, von denen nahezu alle unsere Pflanzen- und auch Tiergesellschaften direkt oder indirekt existentiell abhängig sind.
Die höheren Pflanzen beanspruchen den Boden in mehrfacher Hinsicht: Aus ihm beziehen sie Wasser und Nährstoffe, und er dient ihren Wurzeln zugleich zur Verankerung.
Böden sind also viel mehr als „bloß Erde": Sie verkörpern ein komplexes Netz von Komponenten aus mineralischen und organischen Bestandteilen mit ganz unterschiedlichen chemischen und physikalischen Eigenschaften, aus luft- und wassergefüllten Poren, aus mikroskopisch kleinen und höheren Pflanzen und Tieren. Ein ganz wesentlicher Einflußfaktor darf nicht vergessen werden: der Mensch, welcher zumeist unbewußt in das Ökosystem Boden eingreift.

Boden ist nicht gleich Boden

Allein angesichts der Vielfalt an natürlichen Einflüssen, die auf die Böden einwirken, verwundert es kaum, daß ein einmal begutachteter Boden jedem beliebigen anderen keineswegs gleicht.

Das fängt schon an bei der „Dicke" der Bodendecke (Bodenkundler sprechen wie Geologen von der Mächtigkeit): Ein sogenannter Rohboden besteht vielleicht gerade aus einer 2 oder 5 cm mächtigen Auflage über dem Gestein, während eine typische Braunerde gut und gerne über 2 m tief entwickelt ist.

Bodentypen

Die Wissenschaft der Bodenkunde unterscheidet deshalb anhand national oder international gültiger Kriterien verschiedene Bodentypen. Diese spiegeln nicht nur einen bestimmten Entwicklungsstand des jeweiligen Bodens wider, sondern geben zugleich Auskunft über sehr wesentliche Eigenschaften, etwa den Kalkgehalt des Gesteins, die Rolle von Stau- und Grundwasser oder den Säuregrad. Als ihr wichtigstes Bestimmungsmerkmal gilt ihre Horizontierung, d. h. die Aufeinanderfolge unterschiedlicher Zonen im senkrecht angeschnittenen Boden, die sich schon rein optisch und mit dem Gefühl beim Zerreiben des Materials zwischen den Fingern differenzieren lassen (s. unten).
In der Bundesrepublik dient die „Bodenkundliche Kartier-

Links:
Im Schutze des Waldes entwickeln sich Böden meist ungestört. Das Blätterdach und die ständige Bodenbedeckung durch Laubstreu und krautige Pflanzen schützen den Boden vor dem ungehinderten Angriff des Wetters; das dichte Wurzelnetz der Pflanzen festigt ihn dauerhaft.

Rechts:
Höchste Gefahr für den Boden: Auf Entfernungen von Hunderten oder gar Tausenden von Metern hat der Mensch die Agrarlandschaft völlig ausgeräumt. Der Boden liegt lange Zeiten im Jahr völlig nackt und ungeschützt da. Folgen sind ein massiver Abtrag gerade der fruchtbaren Bestandteile des Bodens durch Wind und Wasser. Schon kurze Trockenheit bewirkt ein tiefes Austrocknen.

Kein Baum und kein Strauch bremst den Angriff von Wind und Regenwasser. Schon eine leichte Hangneigung macht es dem Regenwasser leicht, Zentimeter für Zentimeter der kostbaren Ackerkrume abzuspülen und in Senken, am Hangfuß oder in den Bächen und Flüssen abzusetzen, die sie forttransportieren.

anleitung" als Grundlage der Ansprache von Bodentypen, aber auch für viele genauere Analysen von Böden in der Landschaft. Sie wird von einer anerkannten Arbeitsgruppe renommierter Wissenschaftler der Bundesanstalt für Geowissenschaften und Rohstoffe sowie der geologischen Landesämter herausgegeben. Der Vorteil solcher Vereinbarungen liegt darin, daß jeder Kundige weiß, wovon ein anderer Bodenkundler spricht, wenn er zum Beispiel einen Braunerde-Ranker nennt.

Die Systematik

Die Klassifikation der Bodentypen ist in einem hierarchischen System aufgebaut. Zunächst unterscheiden die Bodenkundler vier Abteilungen, und zwar

- die terrestischen Böden ohne den Einfluß von Grund-, Fluß- oder Meerwasser,
- die semiterrestrischen Böden mit deutlichen Kennzeichen eines zeitweiligen Wassereinflusses,
- die Unterwasserböden (subhydrische Böden) einschließlich der periodisch trockenfallenden Wattböden,
- die Moore mit mehr als 30 cm Torf.

Daneben steht noch ranglos die Gruppe der anthropogenen, also durch den Menschen gebildeten Böden, der sogenannten Kultosole.
Die Abteilungen werden dann weiter untergliedert in Klassen und diese in die eigentlichen Bodentypen.
Dennoch können sich auch zwei Böden, die zu demselben Bodentyp gerechnet werden, noch deutlich unterscheiden: durch den Gehalt an Gesteinsbrocken, durch die Korngröße der mineralischen Bestandteile, durch chemische Faktoren wie den pH-Wert, durch die Art des Ausgangsgesteins, durch die Humusform und viele andere Kennzeichen mehr.
Ein Teil dieser Faktoren läßt sich in der Klassifikation der Bodentypen durch deren Unterteilung in den Normaltyp und mehrere Untertypen in aussagekräftige Begriffe fassen. Dies wird jedoch derart diffizil, daß darauf einzugehen den Rahmen dieses Buches sprengen würde. Hingewiesen sei lediglich auf die Übergänge von einem Bodentyp zum anderen: Bei einem als Braunerde-Ranker bezeichneten Boden etwa dominieren noch die Kennzeichen des Rankers, jedoch sind die ersten Merkmale einer mächtigeren Braunerde deutlich zu erkennen.

Wichtige Begriffe in der Bodenkunde

Bodenprofil Wer einen Boden untersuchen will, bediene sich am besten eines Spatens und beginne, ein möglichst tiefes Loch zu graben. Auf diese Weise erschließt man ein Bodenprofil. Doch ohne eigenen körperlichen Einsatz läßt sich ein solches beispielsweise auch in Bau- und Kiesgruben finden. Nötig ist eine möglichst glatt und (ganz wichtig!) frisch abgestochene, feuchte Oberfläche, die farbliche Unterschiede am deutlichsten erkennen läßt.
Der Bodenkundler spricht dann von einem Profil, wenn er anhand eines senkrecht in die Tiefe gehenden Aufschlusses die Eigenschaften des Bodens untersuchen und beschreiben kann. Es handelt sich dann zumeist um ein aufgegrabenes Profil, obwohl sich auch mit Hilfe eines Bohrstocks Böden untersuchen lassen (s. Seite 75).
Bodenhorizont Der Laie ist leicht versucht, bei untereinander folgenden Zonen unterschiedlicher Eigenschaften von „Schichten" des Bodens zu sprechen. Der korrekte Begriff hierfür heißt in der Bodenkunde „Horizont".
Der Ausdruck „Schicht" ist anders belegt: Er kennzeichnet den Wechsel des geologischen Substrates, wenn ein Teil eines Bodens offensichtlich aus anderem Material entstand.

Die typische Gliederung eines gut entwickelten Bodenprofils: Der Oberboden oder A-Horizont ist durch Huminstoffe des aus toter organischer Substanz aufgebauten Humus dunkelbraun gefärbt. Darunter folgt der meist hellere mineralische Unterboden oder B-Horizont, der schließlich in das anstehende Ausgangsgestein – den C-Horizont – übergeht. Hoch anstehendes Grundwasser kann jedoch statt dessen einen auffällig bunten G-Horizont prägen.

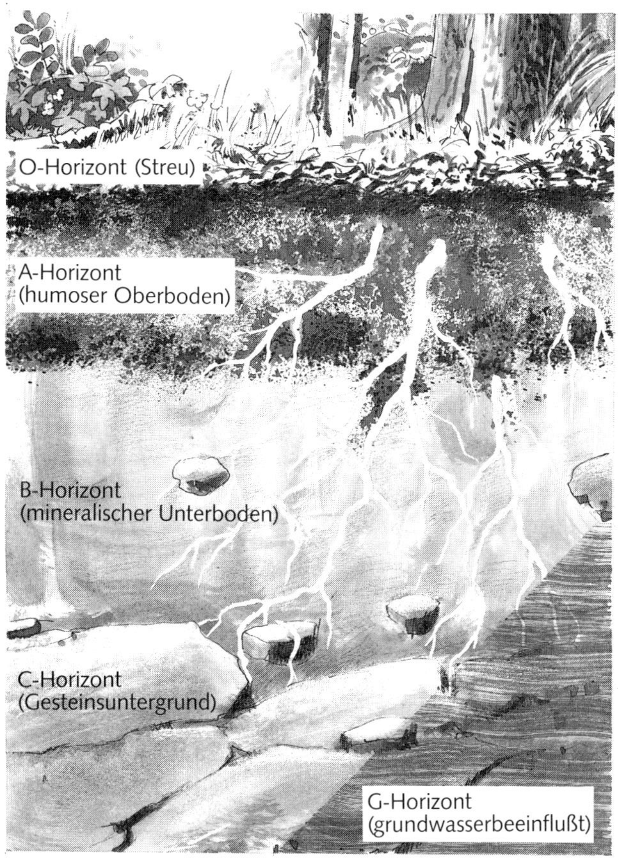

Äquivalentdurchmesser
Die Größe der Bodenteilchen wird anhand eines theoretischen Mittelwertes unter Annahme einer runden Form angegeben, dem sog. Äquivalentdurchmesser. Dies darf nicht darüber hinwegtäuschen, daß die Teilchen in der Natur kaum gleichmäßig kugelig auftreten. Besonders die Tonminerale fallen durch ihre plättchenförmige Gestalt auf.

Bodentyp Der Begriff des Bodentyps dient, wie bereits beschrieben, zur Einteilung verschiedener Böden anhand typischer, immer wieder auftretender Horizontfolgen und Merkmale.

Korngrößenklassen Die Korngrößen der einzelnen mineralischen Bodenteilchen werden, soweit sie einen sogenannten Äquivalentdurchmesser von höchstens 2 mm besitzen und somit zum Feinboden gerechnet werden, in drei Klassen eingeteilt: Sandkörner messen zwischen 2 und 0,063 mm – das sind 2 000 bzw. 63 µm – und sind beim Reiben zwischen den angefeuchteten Fingern stets fühlbar.

Die nächstkleinere Klasse ist die Schluffraktion mit 63 bis minimal 2 µm Äquivalentdurchmesser; Schluffkörner ergeben beim Reiben zwischen den Fingern beim Trockenwerden

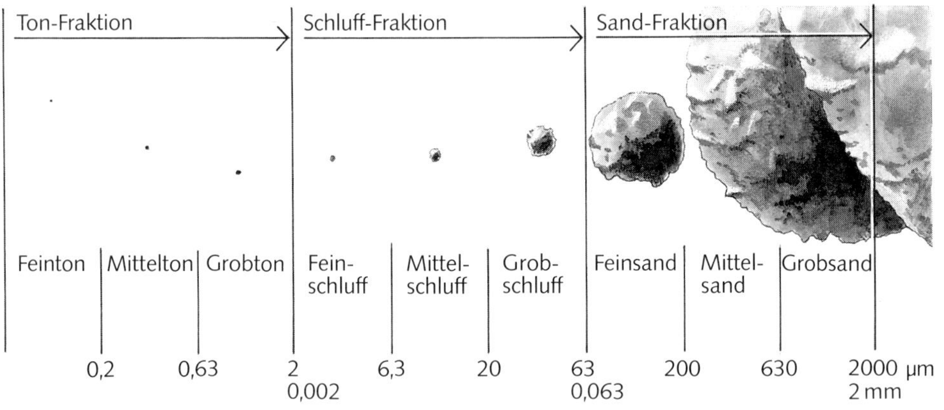

einen mehligen Belag, sie setzen sich zwischen die Rillen der Finger. Kleiner als 2 µm schließlich ist die Tonfraktion, die dafür sorgt, daß sich aus dem feuchten Bodenmaterial zwischen den Fingern Röllchen formen lassen – je höher der Tonanteil, desto dünner werden die Würstchen, bevor sie auseinanderbrechen.

Fingerspitzengefühl ist also unter Bodenkundlern gefragt. Die Schwierigkeit besteht nämlich darin, daß in den wenigsten Böden nur eine dieser drei Korngrößen vorkommt. Meist findet sich eine Mischung aller drei Klassen, die je nach Korngröße noch einmal jeweils dreigeteilt sind: in Grob-, Mittel- und Feinsand bzw. -schluff oder -ton. Wie sie sich mit einfachen Mitteln bestimmen lassen, wird auf Seite 77 erläutert.

Bodenart Eine ganz andere Bedeutung als der Bodentyp besitzt die Bodenart: Sie benennt die Zusammensetzung der mineralischen Bodensubstanz aus den unterschiedlichen Korngrößen. Die Grundpfeiler bieten reine Sand-, Schluff- und Tonböden, doch sie sind die seltensten.

Zur Erläuterung der Bodenarten dient das sogenannte Bodenartendreieck: Jeweils an den Eckpunkten finden sich 100 % der Korngröße Sand, Schluff oder Ton. Im Zentrum bei etwa ausgeglichenen Anteilen aller drei steht der Lehm, eine Bodenart, die die Landwirte als besonders fruchtbar lieben. Die Übergänge zwischen diesen vier Bodenarten werden durch die Kombination der Bezeichnungen beschrieben: In einem tonigen Schluff beispielsweise dominiert der Schluff (die Bezeichnung bzw. der abkürzende Buchstabe, der als letzter steht), der als nächsthäufigere Korngröße den Ton aufweist. Weitere Erläuterungen sind der Abbildung des

Ton, Schluff und Sand bezeichnen unterschiedliche Korngrößen oder Kornfraktionen der mineralischen Bodensubstanz, deren Grenzen in einer logarithmischen Skala exakt definiert sind.

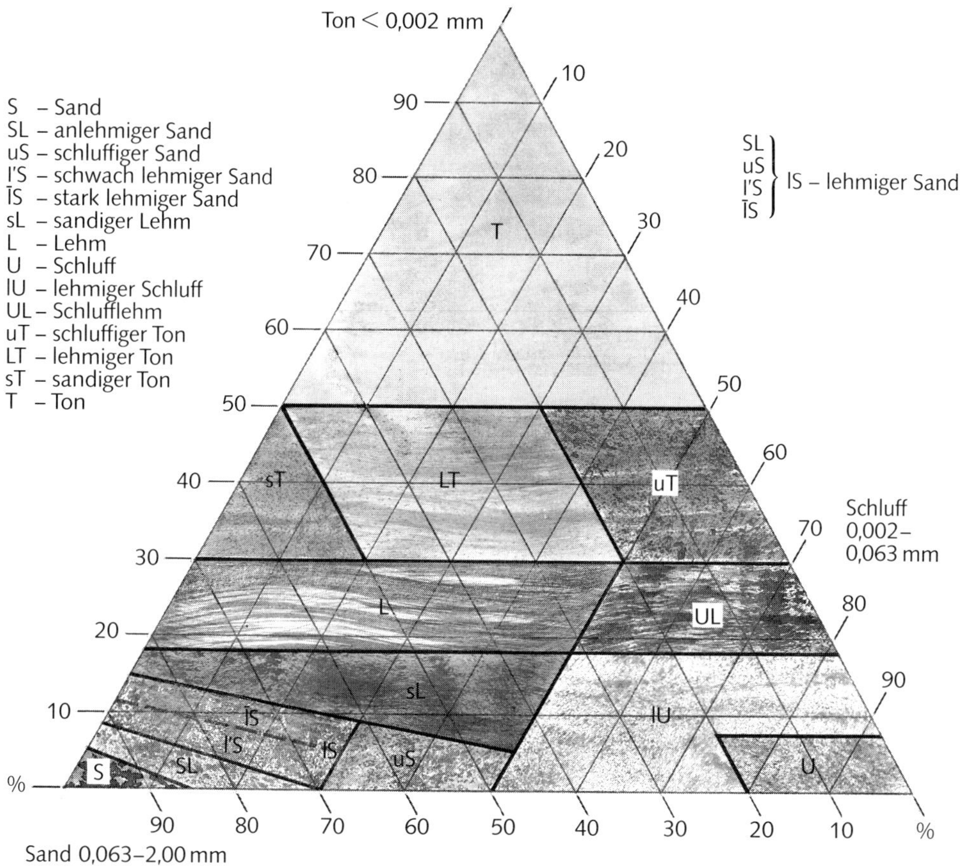

Das sogenannte Bodenartendreieck führt die Nomenklatur der Bodenarten plastisch vor Augen: Jeweils nach dem prozentualen Anteil der 3 Kornfraktionen Sand, Schluff und Ton werden die verschiedenen Bodenarten benannt, z. B. schluffiger Sand oder sandiger Ton. Ein ausgewogenes Verhältnis aller 3 Fraktionen bezeichnet man als Lehm.

Dreiecks zu entnehmen, an dessen Schenkeln die jeweiligen prozentualen Anteile der einzelnen Korngrößen abzulesen sind.

Bodenskelett Alle Korngrößen über 2 mm Durchmesser zählen zum Bodenskelett. Die Fraktion zwischen 2 und 63 mm mit gerundeten Formen heißt Kies, mit eckig-kantigen Formen Grus. In der Größenklasse von 63 bis 200 mm (6,3 bis 20 cm) spricht man von Steinen, über 20 cm Durchmesser von Blöcken.

Gestein Als Ausgangsgestein bezeichnen die Bodenkundler den geologischen Untergrund, aus dem der jeweils betrachtete Boden entstand. Dabei handelt es sich entweder um Festgesteine, die durch Vorgänge der Verwitterung für die Bodenbildung aufgeschlossen werden, wie zum Beispiel

Sand- oder Tonstein, Kalkstein, Basalt, Granit oder Gneis; oder es handelt sich um Lockergesteine wie Sediment- oder Kiesablagerungen durch Flüsse oder das Meer, Ablagerungen in ehemaligen Binnengewässern, durch den Wind verfrachteten Löß oder um Gletschersedimente.

Gefüge Das Bodengefüge kennzeichnet die Anordnung der festen Bestandteile des Bodens im Raum. Das Makrogefüge ist mit bloßem Auge erkennbar, während zur Bestimmung des Mikrogefüges ein Mikroskop erforderlich ist. Beispiele für das Makrogefüge sind plattige oder säulige Formen von Bodenbestandteilen, Bröckel, Klumpen und Einzelkörner (s. Seite 56 f.).

Humus Alle toten pflanzlichen und auch tierischen Reste im Boden, ganz gleich wie stark zersetzt, gelten als organisches Material. Dazu zählen auch die Ausscheidungen der Tiere. Sie bilden den Humus, der in den meisten Böden mindestens den obersten Horizont dunkelbraun bis fast schwarz färbt.

Als wichtiger Faktor, der die Bodenfruchtbarkeit beeinflußt, findet der Humus auch bei Landwirten und Gärtnern große Beachtung. Das Verrotten pflanzlicher Abfälle auf dem Komposthaufen im Garten und das Verteilen des entstehenden Humus nach 1 bis 2 Jahren auf dem Anbauland dient der Düngung. Genauso schließen sich auch im Wald und in allen anderen Lebensräumen durch die Zersetzung des toten organischen Materials zum Humus die Nährstoffkreisläufe. Auf die Unterteilung verschiedener Humusarten wird auf Seite 64 eingegangen.

Bildung und Aufbau von Böden

Hunderte und Tausende von Jahren brauchen Böden, um sich aus dem Gestein zu bilden. Ein Bulldozer hat innerhalb weniger Minuten das Produkt dieser langen Zeit beiseite geschoben und in einem großen Haufen miteinander vermengt. Der lange Prozeß der Bodenbildung und -entwicklung hängt von einer Vielzahl von Faktoren ab, die sich zu vier Komplexen zusammenfassen lassen: dem des Ausgangsgesteins, der Vegetation, des herrschenden Klimas – zu dem auch mikroklimatische Einflüsse wie eine sonnenexponierte Steilhanglage zu rechnen sind – und, als immer wichtiger werdender Faktor, der Mensch.
Endgültig abgeschlossen ist die Entwicklung eines Bodens eigentlich nie. Ständig laufen unter der Einwirkung dieser vier

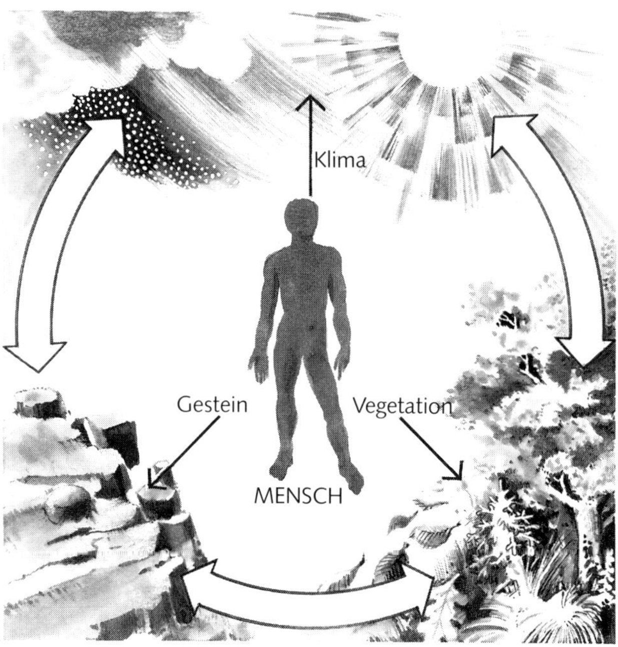

4 Hauptfaktoren bestimmen die Bildung und den Aufbau von Böden: als natürliche Größen das anstehende Gestein, das herrschende Klima und die von beidem bedingte Vegetation. Eine noch relativ neue Größe ist der Mensch.

Faktorengruppen intensivierte, verlangsamte oder ganz neue Prozesse ab, die die Merkmale, die Ausprägung und die Mächtigkeit der Horizonte beeinflussen. So entwickelt sich ein Bodentyp zum anderen, die Übergänge lassen feste Grenzen – wie sie die Wissenschaft festzulegen bestrebt ist – nicht erkennen. In der Landschaft finden sich meist unterschiedliche Entwicklungsstufen nebeneinander. Besonders eindrucksvoll ist das oft am Rande eines in abschüssigem Gelände gelegenen Steinbruchs zu verfolgen.

Der lange Weg zur krümeligen Erde

Allgemeingültige Regeln für den Ablauf und die Dauer der Bodenentwicklung lassen sich nicht formulieren. Ein solcher natürlicher Vorgang hängt von zu vielen Einzelfaktoren ab, die von Ort zu Ort variieren. Dennoch sind die Grundprozesse immer wieder dieselben:

- die mechanische oder physikalische Verwitterung, die einen Zerfall der Gesteine und Minerale bewirkt,
- die chemische Verwitterung in Form von chemischen Reaktionen, welche zu einer Veränderung oder gar Auflösung der Minerale führt,
- die biologische Verwitterung durch den Einfluß von Lebewesen.

Physikalische Verwitterung

Gesprengt wird nicht nur im Steinbruch, sondern genauso in der Natur. Die physikalische Verwitterung beruht auf einem Zerfall der Gesteine vor allem unter dem Einfluß der Atmosphäre. Besonders gut läßt sich das überall dort beobachten, wo der Gesteinsuntergrund offen an der Oberfläche liegt: im Hochgebirge etwa, in einem älteren Steinbruch oder an einer steilen Wegböschung mit frei herausragendem Fels.
Ein Druck von 500 bar kann an Gesteinsoberflächen allein durch die Einwirkung wechselnder Temperaturen entstehen. In Klüften und Rissen gefrierendes Wasser soll es sogar bis auf 2 200 bar bringen.

Temperatursprengung Die Temperatursprengung entsteht durch einen raschen und häufigen Wechsel von Kälte und Wärme. Ist ein dunkelfarbiger Stein voll der Sonneneinstrahlung ausgesetzt, so entstehen an seiner Oberfläche enorm hohe Temperaturen. Das Innere hingegen bleibt lange kühl, weil Gesteine eine sehr geringe Wärmeleitfähigkeit besitzen. Ein Regen oder die nächtliche Abkühlung bringen kurzfristige Änderungen der Temperatur mit sich. Die unterschiedliche

Physikalische Gesteinsverwitterung ist der erste Schritt der Bodenbildung. Temperaturunterschiede zwischen der Oberfläche und dem Inneren von Steinen, die der Sonneneinstrahlung ausgesetzt sind, und eindringendes Wasser, das sich beim Gefrieren ausdehnt und eine enorme Sprengkraft entfaltet, zerkleinern den Felsen in Bruchstücke. Auf diese Weise können die Prozesse der chemischen Verwitterung besser ansetzen.

Die sogenannte Wollsackverwitterung stellt eine Sonderform der Verwitterung von Gesteinen dar, vor allem bei Graniten. Chemische Prozesse bewirken in Gesteinsklüften ein Herauslösen und Auswaschen feinen Materials, während noch nicht zerklüftete Bereiche des Gesteins nahezu unverwittert erhalten bleiben. Dabei entstehen abgerundete, kugelige Formen.

Ausdehnung und Schrumpfung der wärmeren und kühleren Teile eines Steins bewirken enorme Druckunterschiede. Die Folgen: Das Gestein spaltet sich, so daß scharfkantige Bruchstücke entstehen, es bilden sich feine Risse, schalenförmige Abplatzungen und feine Abschuppungen.

Frostsprengung Durch die Temperatureinwirkung entstandene feinste Haarrisse, aber auch größere Klüfte bereiten der Frostsprengung den Weg: Hier kann Wasser eindringen, das sein Volumen beim Gefrieren um rund 10 % vergrößert und auf diese Weise eine große Sprengwirkung entfaltet. Die Frostsprengung ist besonders dort zu finden, wo bei hohen Niederschlagsmengen die Temperatur häufig um den Nullpunkt schwankt, wie das im Hochgebirge der Fall ist. Sie wirkt nicht nur im makroskopischen Bereich, sondern kann selbst den Zerfall kleinster Teilchen bis zur Größenordnung der Schlufffraktion bewirken.

Salzsprengung Ein dritter Faktor der physikalischen Verwitterung ist die Salzsprengung durch den sogenannten Kristallisationsdruck: Gelöste Salze dringen mit dem Niederschlagswasser in Gesteine ein, kristallisieren beim Verdunsten des Wassers aus und beanspruchen damit ein deutlich größeres Volumen. In unseren gemäßigten Klimaten spielt die Salzsprengung jedoch nur eine untergeordnete Rolle, größere Bedeutung kommt ihr in den Trockenklimaten der Erde zu.

Chemische Verwitterung

Während die physikalischen Prozesse an der stofflichen Zusammensetzung der Gesteine nichts verändern, beruht die chemische Verwitterung auf Reaktionen und Umsetzun-

Die Entwicklung des Bodens und der Pflanzendecke sind eng miteinander verbunden. Auf das unverwitterte, nackt an der Oberfläche liegende Gestein prallen die Sonnenstrahlen und die Niederschläge; sie bewirken zunächst eine Zerklüftung der Oberfläche mit Spalten und Rissen. Hier können nun auch chemische Umwandlungsprozesse einsetzen, die durch die Ansiedlung von Algen und Flechten, später auch von Moosen, verstärkt werden. Die Pflanzen bewirken eine zunächst noch geringe Humusanreicherung. Erreicht diese eine Dicke von 0,5 bis 1 cm, so siedeln sich erste Gräser und Kräuter an. Die weitere Entwicklung führt über einen Rohboden, der einer dichten Grasdecke und bald auch ersten Sträuchern ausreichend Wurzelraum bietet, über zahlreiche Zwischenstufen schließlich zu einem über 1 m mächtigen Boden, beispielsweise einer Braunerde. Entsprechend wandelt sich die Vegetation zu einem vielstufigen Wald.

gen des Mineralbestandes. Sie können nur an der Oberfläche von Gesteinsmaterialien ablaufen. Das bedeutet eine Zunahme der chemischen Verwitterung mit Fortschreiten des physikalischen Zerfalls, da auf diese Weise die Größe der Oberflächen mit zunehmender Zahl der Bruchstücke anwächst.

Die chemischen Prozesse sollen hier nur in stark vereinfachter und reduzierter Form genannt werden, da ihr Verständnis ein bestimmtes naturwissenschaftliches Grundwissen voraussetzt. Fast immer spielt dabei das Wasser eine entscheidende Rolle:

Lösung Die Lösung von Mineralen läßt sich am leichtesten vorstellen. Ohne daß dabei unbedingt chemische Reaktionen ablaufen müssen, umgeben sich positiv oder negativ geladene Bestandteile von Mineralen eines Gesteins mit Wassermolekülen und gehen so in das umgebende Wasser über. Dazu muß man wissen, daß die Wassermoleküle sehr klein sind und so leicht in die Kristallgitter von Mineralen eindringen können.

Moleküle und Ionen

Moleküle sind kleinste Teilchen, die sich aus mehreren gleichen oder verschiedenartigen Atomen zusammensetzen. Erhalten sie durch Hinzutreten oder den Verlust von Elektronen – den kleinsten negativ geladenen Teilchen eines Atoms – eine positive oder negative Ladung, so nennt man sie Ionen. Negativ geladene Ionen entstehen aus neutralen Teilchen durch Aufnahme eines oder mehrerer Elektronen, es handelt sich um sogenannte Anionen. Den Gegensatz bilden die Kationen: positiv geladene Teilchen, die sich durch Abgabe von Elektronen bilden.

Hydrolyse Bei der Hydrolyse reagieren die positiv geladenen H^+- und die negativ geladenen OH^--Ionen (H ist das chemische Symbol für Wasserstoff, O für Sauerstoff) mit bestimmten Mineralen und bewirken so eine chemische Veränderung, die schließlich zu einem Zusammenbrechen der Kristalle führt. Dieser in der Realität viel komplexere Vorgang spielt bei uns wohl die größte Rolle bei der chemischen Verwitterung.
Oxidation Die Oxidation der in sehr vielen gesteinsbildenden Mineralen auftretenden Eisen- und Manganverbindungen bedeutet eine Erhöhung der positiven Ladung im bestehenden Kristallgitter (z. B. Eisen: Fe^{2+} zu Fe^{3+}). Die Natur versucht dies durch ein teilweises Abscheiden von positiv geladenen Verbindungen auszugleichen. Auf diese Weise entstehen Fehlstellen, die die Kristallgitter brüchig und noch angreifbarer für erneute Oxidationen und andere Prozesse machen.

Oxidation und Reduktion
Die Oxidation im engeren Sinne ist der Vorgang der Bildung von Oxiden: von Verbindungen des Sauerstoffs mit bestimmten Elementen, im Boden vor allem mit Eisen, Mangan und Aluminium. Der umgekehrte Prozeß findet unter Abschluß von Sauerstoff statt, die Reduktion. Die Oxidation bedeutet die Abgabe von Elektronen (negativ geladenen Atomteilchen), so daß sich die Wertigkeit des betreffenden Atoms erhöht. Ein Beispiel für die Oxidation ist der Übergang von einem zweifach zu einem dreifach positiv geladenen Eisen-Ion (Fe^{2+} zu Fe^{3+}). Gegenteilig wird bei der Reduktion ein Elektron aufgenommen, die Wertigkeit also verringert (Fe^{3+} wird zu Fe^{2+}).

Biologische Verwitterung

Die biologische Verwitterung schließlich beruht auf der Einwirkung von Pflanzen und Tieren auf die Gesteine. Am wichtigsten sind die mit bloßem Auge nicht sichtbaren Mikroorganismen, die sowohl bei den chemischen als auch bei den biologischen Prozessen maßgeblich beteiligt sind. Algen und Flechten, die vielfach als pflanzliche Erstbesiedler auf angewitterten Gesteinsoberflächen betrachtet werden, wirken vor allem durch ihre Ausscheidungsprodukte wie Kohlendioxid (CO_2) und organische Säuren fördernd auf die Verwitterung.
Sprengungen können auch Pflanzenwurzeln auslösen, besonders die von Holzgewächsen. Sie dringen in vorhandene Klüfte ein und bewirken schließlich durch ihr Dickenwachstum ein Zerbersten und Zerbröseln des Gesteins.

Algen und Flechten besiedeln als erste pflanzliche Organismen die angewitterte Oberfläche von Gesteinen. Mit ihren Stoffwechselausscheidungen können sie die chemische Verwitterung beschleunigen und allmählich die Grundlage für das Gedeihen auch höher entwickelter Pflanzen bereiten.

All diese vereinfacht dargestellten Prozesse bereiten auf ehemals nacktem Fels zunächst die Grundlage für die Ansiedlung von Algen und Flechten, bald auch von ersten Moosen. Sie sorgen mit ihren abgestorbenen Teilen für die Bildung der ersten gut sichtbaren Bodensubstanz, nämlich einer dünnen Humusauflage. Erreicht diese 5 bis 10 mm Dicke, so erscheinen sporadisch manche Gräser.

Auf diese Weise fallen zunehmende Mengen an abgestorbenen Pflanzen- und auch Tierteilen an, so daß die Bodenbildung nunmehr an zwei Fronten voranschreitet: An der Oberfläche entsteht in erster Linie durch Einwirkung der Vegetation ein humoser Horizont, darunter durch die fortschreitende Gesteinsverwitterung bis in den mikroskopischen Bereich sogenannter Gesteinszersatz und allmählich ein minimaler Mineralbodenhorizont.

Bereits im frühesten Stadium, wenn alles, was sich Boden nennen läßt, noch mit dem Messer von der Gesteinsoberfläche abzukratzen ist, spricht man von einem Rohboden unter dem Namen Syrosem. Der humose, durch Huminstoffe dunkelbraun gefärbte Oberboden mißt maximal 2 cm, darunter grenzt bereits das Gestein an.

Bei stärkerer Humusanhäufung entsteht zum Beispiel ein Ranker, der ebenso noch zu den Rohböden zählt. Die weitere Entwicklung kann dann in ganz unterschiedliche Richtungen führen, auf die später noch eingegangen wird. Je nach Wirksamkeit der unterschiedlichen Bodenbildungsfaktoren prägen sich bestimmte Horizontmerkmale aus, oder aber ein Boden wird durch Erosion wieder vollständig abgetragen – auch das kommt in der Natur vor.

Die stofflichen Umwandlungs- und Transportprozesse im Zuge der Bodenbildung sind so vielfältig, daß hier nur die wichtigsten schlaglichtartig genannt werden können. Viele von ihnen sind in globale Kreisläufe eingebunden, wenn man etwa an die Pflanzennährstoffe oder das Wasser denkt. Auch hier wird die zentrale Rolle deutlich, die die Böden innerhalb der angrenzenden Sphären spielen.

Prozesse der Bodenbildung

Viele Prozesse gleichen sich mit anderen in ihrer langfristigen Wirkung aus, andere führen jedoch zu bleibenden Veränderungen und zur Materialanhäufung. Auf diese Weise bewirken sie die Ausbildung und Veränderung von Bodenhorizonten, aber auch deren Vermischung. Immer durchdringen und beeinflussen sich die mannigfaltigen Prozesse gegenseitig. Unterscheiden lassen sich Transformations- und Translokationsprozesse.

Transformationsprozesse

Mineralneubildung Die bereits angedeutete physikalische, chemische und biologische Verwitterung endet nicht mit dem Zerfall des Ausgangsmaterials, sondern läuft auch in einem entwickelten Boden ständig weiter. Bei der Verwitterung und Bildung neuer Minerale spielen vor allem chemische Prozesse eine Rolle.

Bei unserem Klima gilt die Verbraunung als einer der wichtigsten Vorgänge der Mineralneubildung: Bei der Verwitterung eisenhaltiger Minerale wird Eisen freigesetzt, welches unter Hinzutreten von Sauerstoff zu braun gefärbten Eisenoxiden reagiert. Häufige Eisenoxide unserer Böden sind der nadelförmige Goethit und der sechseckig-plattig kristallisierende Hämatit.

Verbunden ist die Verbraunung zugleich mit der Verlehmung, der Bildung von Tonmineralen. So können beispielsweise aus Glimmer-Mineralen, die größer als 2 μm sind, durch Herauslösen von Kalium-Ionen und deren Ersatz durch Wasserstoff-Ionen Tonminerale ähnlicher Struktur entstehen. Ein anderer Weg führt über das Zusammentreten von verschiedenen Ionen als Verwitterungsprodukte zur

Transformation und Translokation
Transformation beinhaltet Vorgänge der Umwandlung von Produkten im Boden, ohne daß sie transportiert werden. Eine räumliche Verlagerung von Stoffen im Bodenprofil kennzeichnet dagegen die Translokationsprozesse. Der Weg führt in der Regel von oben nach unten, durch aufsteigendes Wasser jedoch auch in umgekehrte Richtung.

Basalt als Ausgangsmaterial der Bodenbildung. Das vulkanische Gestein entstand aus Magma, die beim Abkühlen an der Erdoberfläche die charakteristische sechseckige Säulenform bildet. Inzwischen konnte sich in günstig gelegenen Nischen erstes Bodenmaterial anhäufen, ohne sofort vom Regen abgespült zu werden. Verschiedene Pflanzen und erste Sträucher halten es mit ihren Wurzeln wirkungsvoll fest.

Löß bildet ein sogenanntes Lockergestein. Er stellt das Produkt früherer Winderosion dar, als während der Eiszeiten vor allem in Norddeutschland der Boden am Rande des Eises weitgehend von Pflanzen unbedeckt war. So konnte der Wind ungehindert angreifen, besonders Feinsand- und Schluffteilchen als „Staub" ausblasen und über weite Strecken verfrachten. Im Windschatten von Hügeln, beispielsweise am Rand der Mittelgebirge, lagerte sich das Material wieder ab, wo sich daraus inzwischen neue Böden bilden konnten. Bis zu 10, im Gebiet des Kaiserstuhls auch über 30 m mächtig sind solche Lößablagerungen. Typisch für Lößlandschaften sind sogenannte Hohlwege, in denen der Löß durch jahrhundertelange Benutzung metertief abgetragen wurde, während das Material links und rechts durch seine Standfestigkeit steilwandig erhalten blieb.

Genese sehr unterschiedlicher Tonminerale, die per Definition allesamt kleiner als 2 µm sind.

Humusbildung Die toten pflanzlichen und tierischen Substanzen unterliegen der Verwesung und der Humifizierung. Beides sind umfangreiche Prozesse unter intensiver Mitwirkung des Bodenlebens, bei denen zahlreiche Zwischenprodukte anfallen.

Die Verwesung führt zur Bildung von Molekülen und Ionen als Endprodukte, die von den Pflanzen als Nährstoffe wieder aufgenommen werden können. Die Humifizierung dagegen bedeutet eine Umwandlung zu längerlebigen Huminstoffen, die den Aufbau und die braunschwarze Färbung des Humus bewirken.

Gefügebildung Im Laufe der Bodenentwicklung bildet sich ein typisches Bodengefüge, indem sich die mineralischen und die humosen Teilchen in charakteristischen Formen anordnen. Als Beispiel seien tonige Böden genannt, die in nassem Zustand durch Wasseraufnahme am stärksten quellen und somit eine zusammenhängende, strukturlose (kohärente) Masse darstellen. Bei Trockenheit zeigen sich Schrumpfungsprozesse, die an der Oberfläche wie in der Tiefe zur Bildung von Rissen und polyederartigen Säulen führen.

Ionenaustausch Mineralische und organische Bodenbestandteile können an ihren Oberflächen Ionen adsorbieren, sprich anlagern. Unter Mitwirkung von Wasser vermögen sie diese nach gewissen Regeln auch gegen andere auszutauschen. Diese Eigenschaft besitzt eine große Bedeutung für die Ernährung der Pflanzen und damit für die Bodenfruchtbarkeit, aber auch für die Bodenbildung, etwa in Form der Pufferfunktion (s. Seite 60 f.).

Translokationsprozesse

An der Verlagerung von Stoffen und Verbindungen im Boden ist vor allem das sich bewegende Wasser beteiligt, aber auch im Boden lebende Tiere und der Mensch.

Tonverlagerung Betroffen von diesen Vorgängen sind in erster Linie feste Partikel in der Größe von Tonmineralen, also Teilchen mit einem Durchmesser von weniger als 2 µm. Sie werden vom Sickerwasser mitgenommen und andernorts wieder abgelagert, so daß sich ein Tonverarmungs- und im unteren Teil eines Profils ein Tonanreicherungshorizont bilden können. Die Ablagerung von Tonmineralen erfolgt häufig an der Oberfläche von Wurzelbahnen und Regen-

Noch keinerlei Bodenbildung zeigen die Lister Wanderdünen auf Sylt, die größtenteils noch in Bewegung sind. Kleine Inseln von Strandhafer – sogenannte Kupsten – zeugen von ersten Versuchen der Natur, den lockeren Sand mit Hilfe der Wurzeln festzuhalten. Die immer neue Umlagerung der Sandmassen verhindert, daß ein Boden entstehen kann.

wurmgängen, die hier auch mit bloßem Auge als Wandbeläge (Toncutane) zu erkennen sind. Die Folgen: eine Bodenverdichtung infolge des Verstopfens von Poren und das Auftreten von Staunässe.

Organische Substanzen Humus bzw. Huminstoffe sind im allgemeinen nur schwer verlagerbar, am ehesten funktioniert das in sauren Böden. Der Transport erfolgt ähnlich den Tonmineralen mit dem durch den Boden sickernden Wasser; auch hier ist im Oberboden eine Verarmung, im Unterboden ein Horizont mit einer Anreicherung der Stoffe zu beobachten. Die Verlagerung organischer Substanzen wird als Podsolierung bezeichnet.

Salze und Kalk Auch hier erfolgt eine Lösung, Verfrachtung und Absetzung mit dem Sickerwasser.

Eisen In den mitteleuropäischen Böden ist die Verlagerung von Eisen sehr häufig festzustellen, aber auch von Mangan, Silizium und Aluminium. Transportierte und oxidierte oder reduzierte Eisen- und Manganverbindungen verleihen den Böden im häufigen Stau- oder Grundwassereinfluß ihre charakteristische rostbraune, schwarze und graue Färbung.

Turbation Daneben sind die Vorgänge der Durchmischung,

der Turbation zu nennen: durch wühlende Bodentiere, durch den Einfluß von Wasser und Austrocknung, so daß Oberbodenmaterial in tiefere Spalten rutschen kann, und ähnlich durch die Volumenausdehnung bei Eisbildung. Bekanntestes Beispiel sind die Regenwürmer, die tote Pflanzenteile tief in den Boden ziehen und durch ihre Grabaktivitäten verschiedene Bodenhorizonte miteinander vermischen.
Als letztes seien größere Verlagerungen der Oberfläche genannt: die Ausblasung von Bodenmaterial durch den Wind, das Fortschwimmen durch Wassererosion, Hangrutschungen und das sogenannte Bodenfließen, wenn sich ein aufgetauter, nasser Oberboden über dem noch gefrorenen Untergrund fortbewegt.

Das Abc der Bodenhorizonte

Ein Bodenhorizont, das sei hier noch einmal in Erinnerung gerufen, stellt die Zone gleicher oder ähnlicher Eigenschaften und Merkmale im Boden dar. Zur Benennung der Horizonte dienen Buchstabensymbole, und zwar Großbuchstaben. Herausragende Merkmale werden durch Kleinbuchstaben symbolisiert, die in der Regel hinter dem Großbuchstaben

Seite 30, links:
Seit Jahrhunderten festliegende, nicht mehr umgeschichtete Dünen zeigen deutlich die Prozesse der Bodenbildung: Über dem reinen Sand als Ausgangsmaterial findet sich ein sogenannter Rohboden.

Rechts:
Die Pflanzendecke beeinflußt die Entwicklung der Böden ganz entscheidend. Waldbedeckung wie an diesem Steilhang – einem ehemaligen Meereskliff vor 4000 bis 5000 Jahren – hält den Feinboden gut fest. Die Laubstreu der Bäume bewirkt die Bildung einer biologisch aktiven Humusauflage. Die schonende Nutzung der Bäume im traditionellen Niederwaldbetrieb kann trotz der Steilheit keine großflächige Bodenerosion auslösen, wie sie bei einem Kahlschlag unvermeidlich wäre.

stehen. Wenn es sich nicht um pedogene, also durch die Bodenbildung entstandene Merkmale, handelt, sondern um geologisch bedingte, wird der Kleinbuchstabe vorangestellt.

Soviel der Theorie vorweg – im folgenden werden die wichtigsten Symbole stichwortartig erläutert.

A – mineralischer Oberboden mit Anreicherung von Humus
A_i – initiale Bodenbildung, maximal 2 cm mächtiger A-Horizont
A_h – humoser Oberboden mit bis zu 15 Gewichtsprozent organischer Substanz
A_a – anmooriger Oberboden mit 15 bis 30 % organischer Substanz
A_e – durch Auswaschung von Huminstoffen und Oxiden gebleichter Oberboden (darunter muß ein Einwaschungshorizont liegen)
A_l – durch Auswaschung von Tonmineralen (Lessivierung) entstandener, heller Horizont über einem Tonanreicherungs-(B_t)-Horizont
A_z – mit Salz angereicherter A-Horizont
A_p – durch regelmäßiges Pflügen geprägter Ackeroberboden

B – mineralischer Unterboden, dessen Farbe und Stoffbestand sich von dem verwitterten Ausgangsmaterial unterscheidet, unter anderem durch Anhäufung von eingelagerten Stoffen aus dem Oberboden
B_v – durch Verwitterung verbraunter und verlehmter B-Horizont, d. h. unter Bildung von Eisenoxiden und Tonmineralen
B_h – an Huminstoffen durch Einwaschung angereicherter B-Horizont
B_s – B-Horizont mit Anreicherung von Sesquioxiden, d. h. vor allem an Eisen- und Aluminiumoxiden
B_t – durch Einwaschung an Ton angereicherter B-Horizont, mit bloßem Auge oder Lupe sind an den Oberflächen von Hohlräumen und Aggregaten „Tontapeten" als Überzüge zu sehen

C – mineralischer Untergrund in Form des Gesteins, und zwar in der Regel des Ausgangsgesteins, aus dem die darüberliegenden Horizonte entstanden

C_v – schwach verwitterter C-Horizont, bei Festgestein zu Bruchstücken verwittert

C_n – unverwittertes Ausgangsmaterial, z. B. fester Fels

P – mineralischer Unterboden aus Tongestein mit über 45 Gewichtsprozent Ton und ohne Merkmale der S-Horizonte; deutliche Kennzeichen von Schrumpfung und Quellung, z. B. in Form von in 50 cm Tiefe schon über 1 cm breiten Trockenrissen

S – Mineralboden mit Einfluß von Stauwasser durch gehemmte Wasserversickerung, so daß hydromorphe Merkmale (z. B. Bleich- und Rostflecken) entstehen

S_w – wasserleitender S-Horizont mit vielen (über 80 Flächenprozent) Bleich- und Rostflecken sowie Konkretionen (Zusammenballungen)

S_{ew} – durch lange stagnierendes Wasser gebleichter S_w-Horizont, weniger als 5 % der Fläche von Rostflecken und/oder Konkretionen eingenommen

S_d – wasserstauender S-Horizont mit dichterem, weniger durchlässigem Material als im darüberliegenden $S_{(e)w}$-Horizont, oft mit Marmorierung: Oberflächen von Aggregaten gebleicht, Inneres der Aggregate rostfleckig

S_q – wasserstauender Horizont der Knickmarsch, versalzen

G – Mineralboden mit Einfluß des Grundwassers und mit durch das Wasser bedingten hydromorphen Merkmalen wie rostigen, schwarzen und grauen Oxidations- und Reduktionsfarben

G_o – unter Luftzutritt oxidierter G-Horizont; oxidierte Eisenverbindungen sorgen für eine rostig-braune Färbung von mindestens 10 % der Flächen; der G_o-Horizont gibt in etwa den Schwankungsbereich des Grundwasserspiegels an

G_r – durch Luftmangel reduzierte Eisen- und Manganverbindungen in einem G-Horizont mit weniger als 5 Flächenprozent Rostflecken an Wurzelbahnen, sonst jedoch vorherrschender grauer, graugrüner, blaugrauer oder im Extremfall fast weißer bis fast schwarzer Farbton

Rechts:
Im G-Horizont von Böden bewirken Eisenverbindungen auffällige Färbungen: Der Oxidationsbereich mit rostigen Konkretionen (Zusammenballungen) und orangebraunen Flächen kennzeichnet den Schwankungsbereich des Grundwassers. Im darunterliegenden grauen Reduktionshorizont steht nahezu ganzjährig das Grundwasser.

M – „gewanderter" Mineralboden, der andernorts entstand und durch Erosion hierher verfrachtet wurde, zum Beispiel am Fuße von Hängen (besonders bei Ackernutzung) oder in den Talauen der Bäche und Flüsse

Y – aus anthropogenen, also vom Menschen angelegten Aufschüttungen oder Aufspülungen entstandener Horizont
jY – Y-Horizont aus jungem natürlichem Material wie Abraum, Löß, Sand oder Schlick
yY – Y-Horizont aus künstlichem Material wie Schutt, Müll, Schlacken oder Industrieschlämmen

H – organischer Horizont mit mehr als 30 Gewichtsprozent organischer Substanz, die dann als Torf bezeichnet wird; entstanden aus Resten torfbildender Pflanzen (Torfmoose, Schilf, Erlen und andere) unter dem Einfluß hoch anstehenden Grund- oder Stauwassers

L – organischer Horizont aus Ansammlungen von nicht oder nur kaum zersetzter pflanzlicher Streu (Blätter, Astbruchstücke usw.)

O – organischer Horizont, soweit er nicht zum H-Horizont gerechnet werden muß, aus Ansammlungen von in Zersetzung befindlichen abgestorbenen Pflanzenmaterials über dem humosen Oberboden; die Grenze zu diesem liegt bei maximal 70 Gewichtsprozent mineralischer Substanz
O_f – O-Horizont mit einem deutlichen Anteil an Pflanzenresten neben der organischen Feinsubstanz
O_h – starkes Überwiegen der organischen Feinsubstanz gegenüber den erkennbaren Pflanzenresten

Wie überall in der Natur sind jedoch auch die Übergänge von einem Horizont bzw. von einem Merkmal zum anderen selten scharf abgegrenzt. Oft ist es deshalb nötig, eigene Übergangshorizonte zu charakterisieren. Dazu werden sowohl Haupt- als auch Merkmalssymbole miteinander kombiniert, wobei das Übergewicht stets auf dem letztgenannten Teil liegt.
Zwei Beispiele: Ein A_hB_v-Horizont charakterisiert den Über-

gang eines A_h-Horizonts in einen B_v-Horizont, wobei die Merkmale des verbraunten Mineralbodens überwiegen. In einem G_{or}-Horizont finden sich Merkmale der Oxidation und der Reduktion, wobei die reduzierte graue Farbe dominiert.

Ein Bodentyp steht selten allein

Die Bestimmung der Horizonte stellt den ersten und schwierigeren Schritt dar, will man Aussagen über den Bodentyp machen. Aus der Abfolge der verschiedenen Horizonte in einem Bodenprofil läßt sich dann relativ einfach auf den Bodentyp schließen. Im folgenden Kapitel werden die wichtigsten mitteleuropäischen Bodentypen mit ihren Kennzeichen, Horizontfolgen, Eigenschaften und Vorkommen vorgestellt.

Dennoch: Zwei Böden eines Typs müssen nicht gleich sein – bei dem einen ist der eine Horizont mächtiger ausgeprägt, ein anderer deutlicher, jedoch schmaler; ein anderes Bodenprofil weist eine geringere Gesamtmächtigkeit auf. So ändern sich auch in der Landschaft beispielsweise Horizontausprägung und Profilmächtigkeit nebeneinanderliegender gleicher Bodentypen, aber der eine Bodentyp geht bei sich ändernden Umweltfaktoren auch in einen anderen über.

Bodenkundler sprechen, wenn sie die Böden eines Landschaftsausschnittes betrachten, gerne von einer Catena oder Bodengesellschaft. Gemeint ist damit die charakteristische Abfolge verschiedener Bodentypen etwa in einem Talquerschnitt oder einem anderen Gebiet.

Ein Führer durch unsere Bodentypen

Nachfolgend werden die wichtigsten mitteleuropäischen Böden vorgestellt, und zwar in der Reihenfolge des in der Bundesrepublik gebräuchlichen Klassifikationssystems. Den äußeren Rahmen bilden dabei die vier Abteilungen der terrestrischen Böden (Landböden), der semiterrestrischen Böden mit starkem Wassereinfluß, der Unterwasserböden und der Moore, neben denen die durch den Menschen bedingten Böden stehen. Die weitere Unterteilung erfolgt anhand von Klassen und Typen.

Unterschieden werden 11 Klassen und 26 Bodentypen, von denen hier jedoch nur die wichtigsten genannt werden können.

Terrestrische Böden

Rohböden

Syrosem, Lockersyrosem Ein Gesteinsrohboden aus Festgestein heißt Syrosem, aus Lockergestein Lockersyrosem. Rohböden zeigen ein einfaches A_i-C-Profil. Der A_i-Horizont weist eine Mächtigkeit von maximal 2 cm auf. Rohböden kommen unter Pioniervegetation und jungen Aufforstungen etwa auf Dünen und im Gebirge vor. Sie können sich zu Rankern oder Rendzinen weiterentwickeln.

A_h-C-Böden außer Steppenböden

Ranker Allen Böden der Klasse der A_h-C-Böden ist gemeinsam, daß der humose Oberboden scharf gegen das anstehende Ausgangsmaterial abgegrenzt ist, ein B-Übergangshorizont fehlt grundsätzlich. Ein Ranker entsteht auf carbonatfreiem Festgestein.

Regosol Ein Regosol findet sich über Lockergestein aus carbonatfreiem oder -armem Material; ansonsten gelten dieselben Kennzeichen wie für den Ranker.

Rendzina Festes oder lockeres Carbonatgestein bildet die Grundlage der Rendzina.

Pararendzina Auf carbonathaltigem festem oder lockerem

Seite 37, unten:
Schema einer Bodengesellschaft oder Catena, deren unterschiedliche Bodentypen in erster Linie durch den Einfluß des Grundwassers hervorgerufen werden: In der Braunerde rechts am Hang liegt das Grundwasser im Ausgangsgestein und damit so tief, daß es auf das Bodenprofil keine Auswirkungen zeigt. Je stärker jedoch das Grundwasser im Bodenprofil mitspielt, desto weiter führt die Entwicklung über die Gley-Braunerde, den Braunerde-Gley zum reinen Gley. Steht das Grundwasser unmittelbar unter oder gar an der Geländeoberfläche, so ist die Zersetzung der toten organischen Substanz gehemmt. Es entsteht ein Naß- und schließlich ein Anmoorgley.

Links:
Rendzinen bilden sich auf festen Kalkgesteinen, deren hoher Gehalt an Basen nur eine langsame Bodenentwicklung erlaubt. Typisch ist ein relativ geringmächtiges A-C-Profil.
Rechts:
Die Pararendzina weist ähnlich wie die Rendzina eine A-C-Horizontierung auf. Sie entsteht im Unterschied dazu jedoch auf lockerem Sand- und Lehmmergel mit 2 bis 70 % Gehalt an Calciumcarbonat. Ausgangsgesteine sind Löß, eiszeitliche Geschiebemergel, carbonathaltige Sande und Schotter.

Kiesel- oder Silikatgestein entsteht eine Pararendzina, zum Beispiel auf Löß, Geschiebemergel, carbonatreichen Schottern oder Kalksandstein.

Alle vier Bodentypen können unter Ackernutzung anstelle des A_h- einen A_p-Horizont besitzen, der wegen seiner geringen Mächtigkeit meist jedoch nur geringe Erträge abwirft: viele Steine und wenig Brot, um ein altes Sprichwort zu zitieren. Sie sind am häufigsten unter schlechtwüchsigem Wald in steiler Hanglage und unter Trockenrasen zu finden.

Steppenböden

Schwarzerde Ein mindestens 40 cm mächtiger A_h-Horizont kennzeichnet die Schwarzerden oder Tschernoseme, deren Humusform als Mull eine optimale Struktur besitzt. Sie

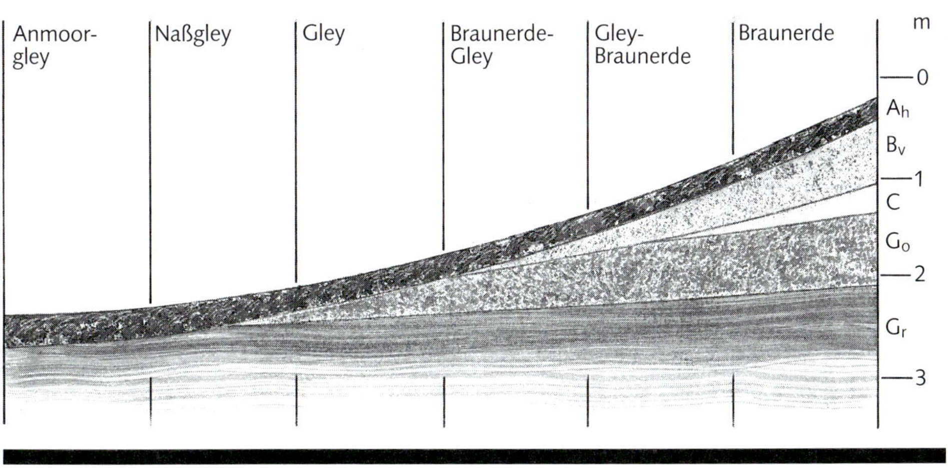

Rohboden/Ranker

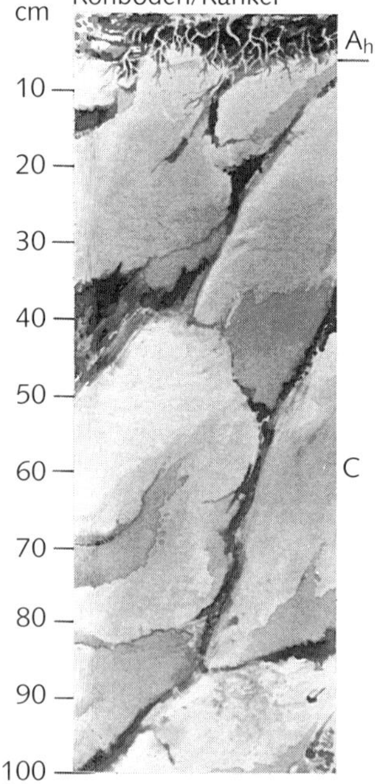

Rendzina

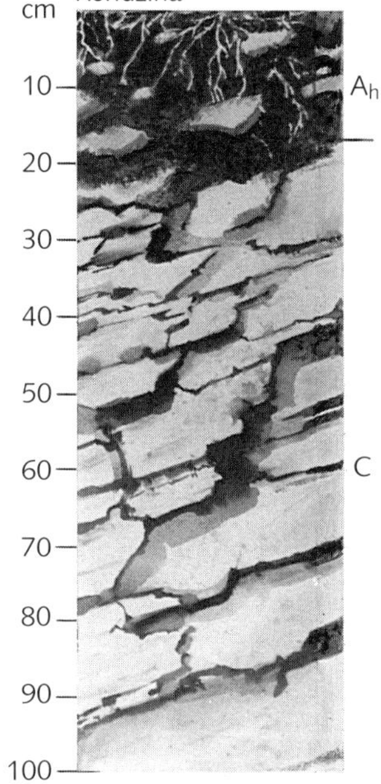

Pararendzina

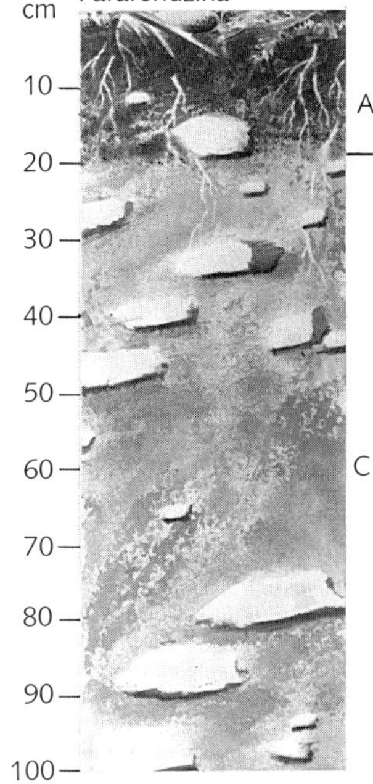

Hortisol

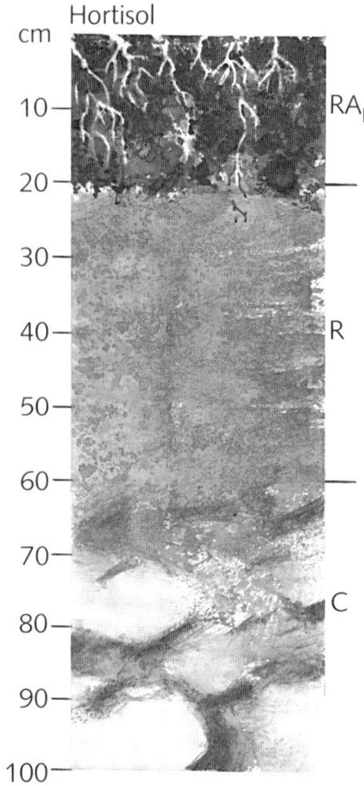

Pseudogley

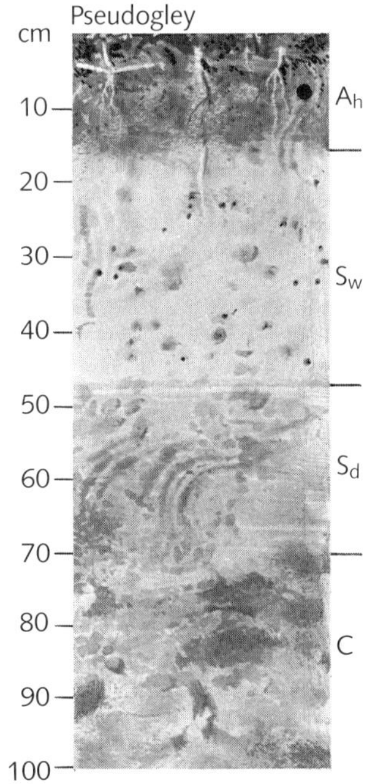

Kolluvium

Schwarzerde
Tschernosem

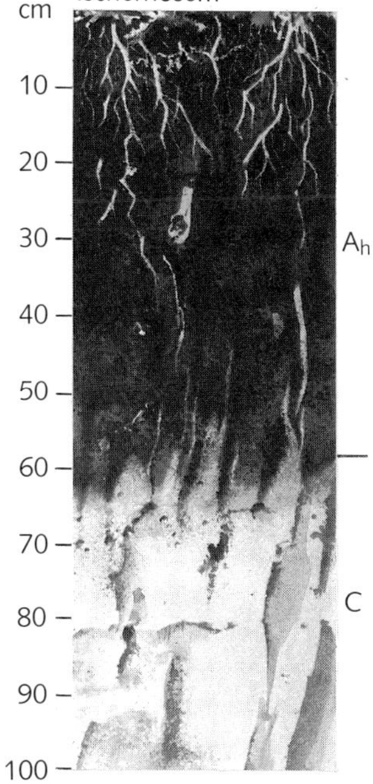

Pelosol

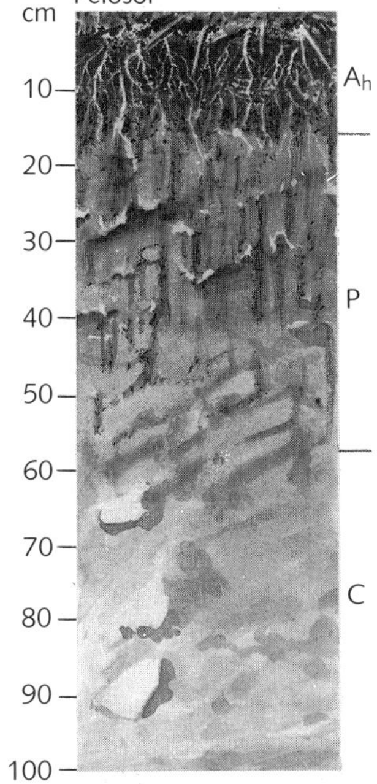

Braunerde

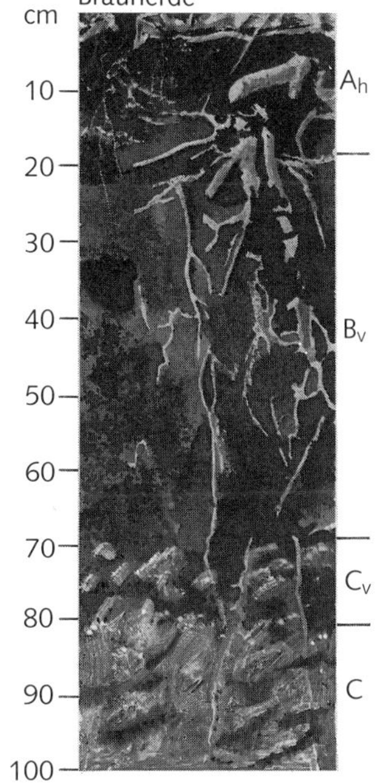

Seite 38–40: Profilzeichnungen der wichtigsten heimischen Bodentypen.

Brauner Auenboden

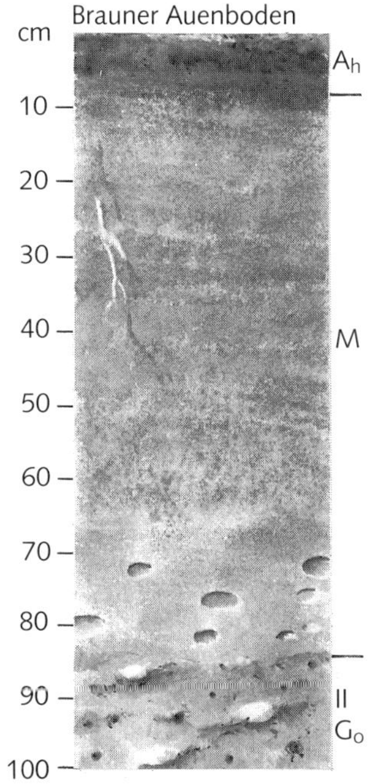

Gley

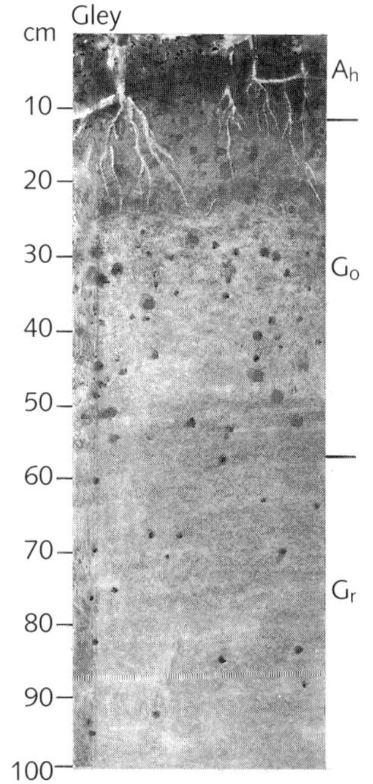

Niedermoorgley

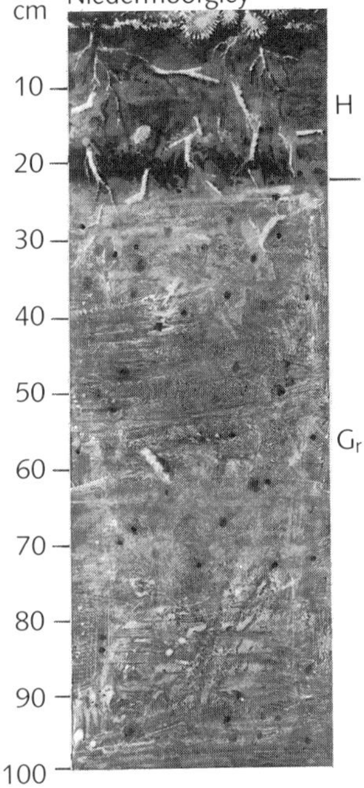

Parabraunerde

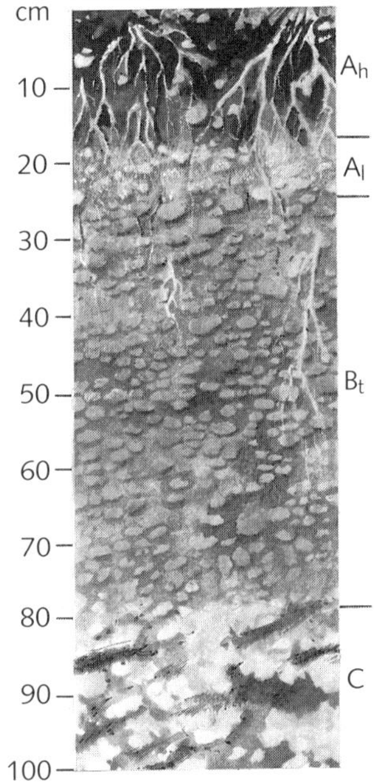

Podsol

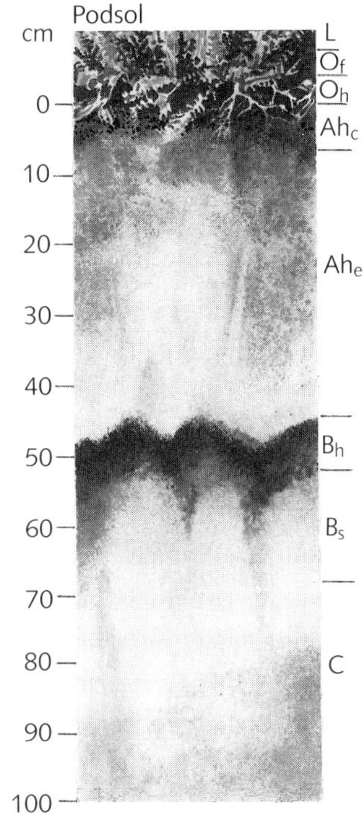

Salzmarsch

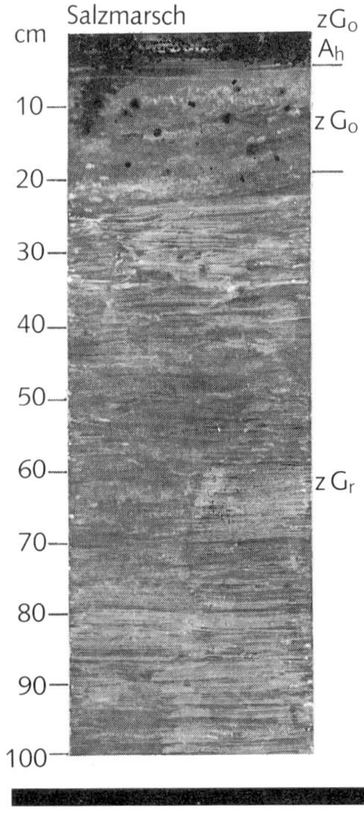

See/Flußmarsch

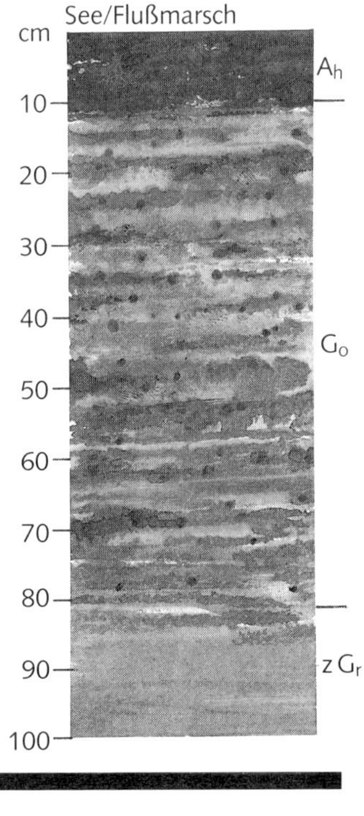

Schwarzerden besitzen einen mehr als 40 cm mächtigen, dunkelbraunen Humushorizont.

entstanden bei subtropischen Klimabedingungen unter einer Grassteppe aus carbonathaltigem, feinbodenreichem Lockergestein. Die wenigen bundesdeutschen Vorkommen von Schwarzerden etwa auf Fehmarn, in der Wetterau und im Oberrheingebiet sind damit Relikte früherer Wärmeperioden.

Ein typisches Kennzeichen der Schwarzerden sind zahlreiche Regenwurmgänge, die sich bis in den C-Horizont hineinziehen und eine überaus hohe biologische Aktivität im fruchtbaren Boden beweisen. Oft findet man auch sogenannte Krotowinen: Bauten und Gänge von Tieren wie zum Beispiel Hamstern, die im A-Horizont teils mit hellem Material aus dem Unterboden, im C-Horizont mit dunkel-humosem Oberboden ausgefüllt sind.

Dieser Pelosol bildete sich aus rötlich gefärbtem Material aus dem geologischen Zeitalter des Rotliegenden im Perm vor rund 250 Millionen Jahren. Charakteristisch für den Pelosol ist ein hoher Tongehalt, der durch Quellung und Schrumpfung der Tonminerale ein auffälliges Absonderungsgefüge bewirkt.

Pelosole

Aus tonreichem Gestein können sich Pelosole entwickeln, die sich durch das Vorhandensein eines P-Horizontes unter dem humosen Oberboden auszeichnen. Dieser entsteht durch ein Aufweichen des Ausgangsgesteins, so daß sich das ursprüngliche schichtige Gefüge des Gesteins in aufrechtstehende Polyeder bis Prismen wandelt. Verantwortlich dafür ist die Quellung und Schrumpfung der Tonminerale – sie machen mehr als 45 % des Bodenmaterials aus – durch Wasseraufnahme.

Pelosole sind an das Vorkommen von Tonsteinen gebunden. Wichtige Fundorte liegen im niedersächsisch-westfälischen Bergland und im schwäbisch-fränkischen Schichtstufenland.

Eine Lockerbraunerde, die – wie fast alle Braunerden – nur undeutliche Horizontübergänge aufweist. Unter dem geringmächtigen A_h-Horizont folgt der B_v- Horizont, der sich durch seine Lockerheit und sehr großes Porenvolumen deutlich von dem dichteren C-Horizont darunter abhebt.

Braunerden

Braunerde Ein A_h- (bzw. A_p-) B_v-C-Profil kennzeichnet die typische Braunerde, die häufig vor allem in den Waldgebieten des Hügel- und Berglandes zu finden ist. Der A-Horizont besteht aus dunklem Mull, unter Ackernutzung zeigt er eine braune bis braungraue Farbe. Er geht ohne einen scharfen Übergang in den verbraunten und verlehmten B_v-Horizont über, der seine Färbung durch Eisenverbindungen erhielt.

Meist entwickelten sich Braunerden unter einer üppigen Laubwald-Vegetation auf während der Eiszeiten stark verwitterten Gesteinen, so daß größere Mengen an Eisen freigesetzt wurden. Über Lockergesteinen (Löß, Geschiebemergel) sind sie seltener – oft bilden sie dort nur das Übergangsstadium zur Parabraunerde.

Parabraunerde Der Vorgang der Tonverlagerung oder Les-

Auf eiszeitlichen Schottern entwickelte sich diese nicht sehr mächtige Braunerde. Die namensgebende Braunfärbung im B_v-Horizont beruht auf der Freisetzung von Eisen aus dem Gestein und auf der Bildung von Tonen.

sivierung (s. Seite 28) unterscheidet die Parabraunerde von der Braunerde: Dem nur geringmächtigen A_h-Horizont folgt ein oft mächtiger A_l-Horizont, der durch Auswaschung von Tonmineralen zusammen mit ihnen angelagerten Oxiden und organischen Substanzen gebleicht ist. Sie werden vom Sickerwasser transportiert und unterhalb im Bodenprofil wieder abgesetzt: im B_t-, dem Tonanreicherungs-Horizont. Die Ablagerung erfolgt an den Oberflächen von Aggregaten, Wurzel- und Regenwurmgängen, in sandigem Substrat auch in mehr oder weniger parallelen Lagen in Form von Tonanreicherungs-Bändern, die wasserstauend wirken. Das Vorkommen von Parabraunerden, die sich oft aus Pararendzinen und Braunerden entwickeln, liegt im wesentlichen über Lockergesteinen.

Podsole

Die Podsolierung – die Verlagerung von Eisen und Aluminium zusammen mit organischen Stoffen im Bodenprofil – ist das namensgebende Kennzeichen des Podsols. Seine Bildung setzt relativ hohe Niederschläge bei niedrigen Temperaturen, grobkörnig-durchlässige Substrate wie Sande oder Sandstein und Granit sowie eine Vegetation mit geringen Nährstoffansprüchen (Nadelhölzer, Heidekraut) voraus.

Im Zusammenwirken dieser Faktoren herrschen saure Bedingungen vor, die das Leben der Mikroorganismen und somit den Abbau der Streu – der toten Pflanzenteile – hemmen. So entsteht über dem humosen Oberboden eine mehr oder weniger mächtige Auflageschicht schlecht zersetzten Materials mit L- und O-Horizonten.

Unter dem schmalen A_h-Horizont folgt ein aschgrauer A_e-Horizont, der durch die Auswaschung oft violettstichig gefärbt ist. Scharf begrenzt folgt der dunkle B-Horizont, der sich in den oft braunschwarzen B_h mit vorherrschenden Huminstoffen und darunter den meist rostbraunen B_s mit den Ablagerungen von oxidierten Eisen- und Aluminiumverbindungen aufteilen läßt. Sie sind durch zahlreiche Übergänge miteinander verbunden, an Stellen mit bevorzugter Sickerwasserbewegung bilden sich zapfenartige Formen. Die Metallverbindungen können durch Hüllenbildung die Sand- und Schluffteilchen zu teils betonhartem sogenanntem Ortsstein verkitten.

In Nordeuropa sind Podsole wesentlich verbreiteter als bei uns; häufig lassen sie sich in den Sandgebieten Norddeutschlands unter Heiden und armen Kiefernwäldern finden.

Die Auswaschung von Huminstoffen, Oxiden und Tonmineralen läßt den aschgrauen A_e-Horizont des Podsols entstehen.

Stauwasserböden

Die Bodenkundler unterscheiden zwischen den Böden, die nur durch Stauwasser beeinflußt sind, und solchen, die im Einflußbereich des Grundwassers liegen. Die einen zählen noch zu den terrestrischen, die anderen zu den semiterrestrischen Böden. In Stauwasserböden – ihr wichtigster Vertreter ist der Pseudogley – hindern dichte, oft tonreiche Horizonte mit einem geringen Anteil an Mittel- und Grobporen den Abfluß des Niederschlagswassers nach unten. Das dadurch zeitweise stagnierende Wasser bewirkt die Bildung sogenannter hydromorpher Merkmale im Bodenprofil: Es treten fleckige oder flächenhafte Verfärbungen auf.

Stauwasser, Grundwasser

Stauwasser kommt von oben, Grundwasser von unten: Im ersten Fall hindern in einem an sich wasserdurchlässigen Boden verdichtete Horizonte das schnelle Versickern von Niederschlagswasser, so daß sogenannte hydromorphe Merkmale – Oxidations- und Reduktionsflecken – entstehen. Grundwasser dagegen bezeichnet alles unter der Erdoberfläche befindliche Wasser, welches in der äußeren Erdrinde kreist. Vor allem im Umfeld von Quellen tritt es nahe an die Oberfläche und bewirkt die Bildung von Grundwasserböden.

Pseudogley Dem A-Horizont schließt sich in einem Pseudogley ein S_W-Horizont an, in dem sich das gestaute Wasser hält und sich auch (vor allem seitlich) bewegen kann. Im charakteristischen Wechsel zwischen Nässe und Trockenheit bewirkt das gestaute Wasser Sauerstoffmangel und das Lösen von Eisen und Mangan. Sie ballen sich im S_W-Horizont zu rostbraunen, grauen und schwarzen Konkretionen zusammen, so daß eine fleckige Färbung entsteht.

Im wasserstauenden, verdichteten S_d-Horizont darunter erfolgt dagegen eine Bleichung der Aggregatoberflächen und eine Anreicherung des Eisens im Inneren der Aggregate – eine charakteristische Marmorierung ist die Folge.

Pseudogleye entwickeln sich überall dort, wo fern des Grundwassers durch einen verdichteten Unterboden der Abfluß des Wassers behindert ist. Ursache der Verdichtung kann beispielsweise die gegebene Struktur des Ausgangsmaterials oder aber eine Verlagerung von Tonmineralen sein, die nun die ehemals wasserzügigen Poren teilweise verstopfen. Vielfach ist die Pseudovergleyung in Geländesenken zu finden, wo die hydromorphen Merkmale infolge der größeren Wassermengen stärker und deutlicher ausgebildet sind.

Aggregate

In vielen Böden sind Teile des Bodenmaterials von ihrer Umgebung deutlich abgesetzt und bilden eigene Körper: die sogenannten Aggregate. Ihre Größe reicht von Mikro- und Millimetern bis zu Dezimetern.

Rechts:
Ein Pseudogley fällt durch seine intensive Fleckung auf, die eine Folge des zeitweise gestauten Niederschlagswassers ist: Im Inneren von Aggregaten dominieren durch Oxidation entstandene Rostflecken, an den Oberflächen der Aggregate durch Reduktion bedingte Bleichungen. Dieses Profil zeigt gewisse Einflüsse einer Fahlerde, einem der Parabraunerde verwandten Bodentyp; man spricht hier von einem Fahlerde-Pseudogley.

Links:
Relativ undifferenzierte Sedimente am Unterhang bzw. Hangfuß kennzeichnen das Kolluvium, das durch Anschwemmen von oberhalb erodiertem Bodenmaterial entstand. Deutlich sichtbar ist der durch eine geringfügige Humusanreicherung etwas dunklere A_p-Horizont als Ergebnis des Pflügens.

Stagnogley Länger stagnierendes, den größten Teil des Jahres vorhandenes Stauwasser läßt einen Stagnogley entstehen, der den Übergang vom Pseudogley zum echten Gley darstellt. Eisen- und Mangankonkretionen reichen bis in den A_h-Horizont hinauf. In den anschließenden S_{rw}- und S_{rd}-Horizonten überwiegt die Reduktion (dafür der Kleinbuchstabe r) dieser Elemente und damit eine überwiegend graue Färbung.

Kolluvium

Die Anerkennung der Klasse und des Bodentyps eines Kolluviums ist noch recht jung in der Bodenkunde. Es besteht aus den Ablagerungen andernorts erodierten Materials. In den meisten Fällen handelt es sich um ein fluviales Kolluvium, dessen mehr oder weniger humose Sedimente zuvor durch Wasser an Hängen abgespült und anschließend am Hangfuß, in Senken oder kleinen Tälern abgelagert werden.
Zu beobachten sind solche Kolluvien besonders häufig in einer hügeligen Agrarlandschaft: Im oberen Bereich der Hänge entstehen infolge des fortschwimmenden Materials geköpfte Profile der ursprünglichen Bodentypen. Am Hangfuß sammelt sich der abgeschwemmte Boden an und überdeckt das frühere Bodenprofil, zum Beispiel eine Braunerde. Die korrekte Horizontbezeichnung würde dann so lauten: A_h-M-IIA_h-IIB_v-C. Die römische Ziffer II verdeutlicht, daß es sich unter dem Kolluvium um einen Schichtwechsel handelt, da darunter ein ehemaliges eigenes Bodenprofil zu finden ist. Es handelt sich in diesem Fall um ein Kolluvium über einer Braunerde.

Auenböden
Die Klasse der Auenböden beinhaltet die aus Sedimenten aufgebauten Böden in den Talauen der Bäche und Flüsse. Sie zeichnen sich durch eine periodische, mehr oder weniger häufige Überflutung und durch einen meist stark schwankenden Grundwasserspiegel aus. Dieser wiederum wird durch die Höhe des Wasserstandes in dem Fließgewässer beeinflußt. Auch die Böden jenseits der Eindeichungen an Flüssen sind häufig noch weiterhin stark den Einwirkungen des Wassers ausgesetzt: durch das sogenannte Qualmwasser, welches sich unter dem Deich hindurchdrückt und sogar für Überschwemmungen sorgen kann.
Die Vorkommen der semiterrestrischen Böden allgemein sind an das Grund-, Quell- oder Überschwemmungswasser gebunden.
Allochthoner Brauner Auenboden Die Auenböden lassen sich untergliedern nach dem Vorhandensein oder Fehlen eines M-Horizontes. Als solchen bezeichnet man all jene Ablagerungen, die keine weiteren Differenzierungen enthalten. Der sogenannte Allochthone Braune Auenboden – kürzer als Allochthone Vega bezeichnet – besteht aus einem zusammen mit dem A_h-Horizont mindestens 80 cm mächtigen M-Horizont aus recht einfarbig braunen Sedimenten, unter denen der G-Horizont im Einflußbereich des Grundwassers mit Erscheinungen der Oxidation (meist rote Farben) und/oder der Reduktion (meist graue Farbtöne) folgt.
Auenrohböden In den Alpen und ihrem Vorland bestehen die Ablagerungen der Bäche und Flüsse meist aus Gesteinszerreibsel, welches nicht als M-, sondern als C-Horizont bezeichnet wird. Sehr junge Bildungen mit nur dünner Humusauflage in Form eines A_i-C-G-Profils heißen Rambla bei carbonatfreiem und Kalkrambla bei carbonathaltigem Flußsediment. Bei Entwicklung eines echten A_h-Horizonts spricht man von einer Paternia oder einem Auenregosol (carbonatfrei) bzw. Kalkpaternia oder Auenrendzina (carbonathaltig).
Autochthone Vega, Auenbraunerde Eine längere Entwicklung kann auch in den Auen zur Verbraunung des Bodens führen, so daß ein Profil mit der Horizontfolge A_h-B_v-G_o entsteht. Es wird als Autochthone (am Ort entstandene) Vega oder auch als Auenbraunerde bezeichnet.
Auengley Den Übergang zu der Klasse der Gleye bildet der Auengley, den vom echten Gley bei gleicher Horizontfolge nur seine Lage innerhalb einer Bach- oder Flußaue unter-

Der sumpfige Untergrund eines bruchwaldähnlichen Erlen-Bachauen-Waldes hindert die Zersetzung der abgestorbenen organischen Substanz. Aus dem hier zu erwartenden Gley wird sich deshalb im Laufe der Zeit ein Anmoor oder sogar ein Niedermoor entwickeln.

scheidet; auf ihn wird im folgenden Abschnitt eingegangen. Daneben können auch eine ganze Reihe von terrestrischen Böden in den Auen auftreten, die erst im Unterboden hydromorphe Merkmale – sprich einen oder mehrere G-Horizonte – aufweisen. Sie werden dann durch Kombination der Bezeichnungen mit dem Begriff der Aue benannt, zum Beispiel als Auenparabraunerde oder Auenpelosol.

Gleye

Echter Gley In einem echten Gley folgen einander die Horizonte A_h, G_o und G_r. Der Oxidationshorizont G_o besitzt durch die Oxidation vor allem von Eisen eine intensive rostig-braune Färbung, die unter Luftzutritt entsteht. Den größten Teil des Jahres leidet der G_r-Horizont unter Luftarmut, so daß die Eisen- und Manganverbindungen reduziert werden und sich eine graue, graugrüne oder auch grauschwarze Färbung bildet.

Vielfach transportiert das Grundwasser Eisen- und andere Verbindungen aus den umliegenden Böden heran, so daß sich im Unterboden im Oxidationsbereich Absätze von unverfestigtem Brauneisen oder festem, nahezu undurchdringlichem Raseneisenstein bilden. In diesem Fall spricht man von einem eisenreichen Gley.

Naßgley In einem Naßgley steht das Grundwasser ganzjährig nahe der Oberfläche, so daß ein G_o-Horizont nahezu fehlt und der G_r- unmittelbar an den A_h-Horizont angrenzt.

Anmoorgley Nimmt die organische Substanz im Oberboden mehr als 15, jedoch weniger als 30 Gewichtsprozent ein, so spricht man nicht mehr von einem humosen, sondern einem anmoorigen A-Horizont mit dem Symbol A_a. Auch hier steht das Grundwasser und mit ihm der G_r-Horizont dicht unter der nur noch schwer begehbaren Oberfläche.

Niedermoorgley Akkumuliert sich die organische Substanz über einem vergleyten, stark reduzierten Unterboden noch stärker, so daß sie mehr als 30 Gewichtsprozent beansprucht, spricht man nicht von einem A-, sondern einem H-Horizont mit Torf. Solange der Torfhorizont unter 30 cm mächtig ist, handelt es sich um einen Niedermoorgley, darüber um ein echtes Moor.

Hanggley Vor allem in den niederschlagsreichen höheren Mittelgebirgslagen können sich auch an steileren Hängen ohne den Einfluß des Grundwassers, sondern allein durch das Niederschlagswasser, Profile mit denselben Horizontfolgen wie die Gleye entwickeln. Zur Unterscheidung spricht man dann jedoch von Hanggley, Anmoorhanggley und Moorhanggley.

Marschen

Als Marsch werden solche Böden bezeichnet, die aus Sedimenten im Einflußbereich der Gezeiten entstanden; sie sind also nahe des Wattenmeeres und im Tidebereich der Flüsse zu finden. Im typischen Fall weisen auch sie wie die Gleye die Horizontfolge A_h-G_o-G_r auf. Der G_o-Horizont ist wie gewohnt rostfleckig, während der G_r-Horizont durch Eisensulfide häufig schwarz oder graublau erscheint.

Salzmarsch Die Bildung der Marschen erfolgt im Einflußbereich des Meeres durch Ablagerungen von Schwebstoffen zu Schlick, wobei das Schlickwatt noch zu den Unterwasserböden zu rechnen ist. Sobald es durch weitere Aufschlickung aus dem Bereich der täglichen Überschwemmung „herausgewachsen" ist, muß es als semiterrestrischer Boden, und zwar als Salzmarsch, bezeichnet werden. Das gesamte Bodenprofil ist salz- und carbonathaltig, wobei der Einfluß der Salze in den Horizontsymbolen durch ein vorangestelltes „z" unterstrichen wird.

Mit zunehmender Sedimentablagerung auf einem Wattboden wächst dieser aus dem täglichen Einfluß des Meerwassers heraus und wird zur Salzmarsch. Die erste typische Pflanze ist hier der Queller *(Salicornia* spec.)

Die Salzmarsch entwickelt sich mit wachsender Höhe und Entsalzung des Oberbodens zur Kalkmarsch. Deren wichtigste Grasart, der Rotschwingel *(Festuca rubra)*, dient den weidenden Schafen als Nahrung.

Kalkmarsch Mit abnehmendem Einfluß des Meerwassers erfolgt eine Setzung des Bodens und eine Entsalzung des Oberbodens. Nur Sturmfluten erreichen diesen Boden noch und bringen eine weitere Aufhöhung, vor allem mit Sanden, mit sich. Typische Pflanzen der Kalkmarsch sind Rotschwingel *(Festuca rubra)* und Weißklee *(Trifolium repens)*. Über dem Reduktionshorizont ist bereits ein deutlicher Oxidationshorizont ausgeprägt.

Kleimarsch Die weitere Entwicklung führt zu einer Entkalkung des Oberbodens und damit zur Bildung der Kleimarsch. Eine Vielzahl von Bodentieren sorgt für ein stabiles und lockeres Wurmlosungsgefüge.

Knickmarsch Versauerung, Verwitterung von silikatischen Mineralen, Verbraunung durch die Oxidation von Eisen und oft auch eine Wanderung von Tonmineralen nach unten lassen schließlich eine Knickmarsch entstehen, die ein differenzierteres Profil aufweist: Unter dem A_h-Horizont folgt ein S_w-Horizont als Stauwasserleiter und dann ein S_q-Horizont als salzhaltige wasserstauende Zone, bevor sich G_o (Oxidation infolge wasserzügigem, lufthaltigem Substrat) und G_r anschließen.

Unterwasserböden und Moore

Unterwasserböden

Wattböden Die Unterwasserböden gliedern sich auf in die Wattböden und die Böden von Binnengewässern. Erstere sind lediglich nach ihrem Salzgehalt in marinen, brackischen und perimarinen Wattboden bzw. See-, Brack- und Flußwatt unterteilt. Sie weisen alle einen A_iG_o-Übergangshorizont über einem G_r-Horizont auf.

Seeböden Während die Wattböden im Wechsel der Gezeiten periodisch trockenfallen, sind die Seeböden als typische Unterwasserböden ständig überflutet. Ihre Einteilung befindet sich noch in der Diskussion, gebräuchlich sind jedoch vier Typenbezeichnungen:

- Protopedon: Unterwasserboden aus Sedimenten mit Tierbesiedlung, aber ohne mit dem Auge sichtbaren Humus
- Gyttja: entstanden aus organischen und mineralischen Sedimenten (Mudden), nährstoffreich und gut belüftet
- Sapropel: aus meist organischen Sedimenten (Faulschlamm) und oft mit Metallsulfiden, nährstoffreich und schlecht durchlüftet
- Dy: aus dunkelbraunen, sauren Huminstoffen (Braunschlamm), nährstoffarm und schlecht durchlüftet

Unterwasserböden sind nur nach Ablassen von Teichen gut sichtbar. Bei einfachen Sedimenten ohne Humusanteil spricht man von einem Protopedon, sonst von Gyttja, Sapropel oder Dy.

Moore

Ein Moor muß eine mindestens 30 cm mächtige Torfschicht besitzen – sonst handelt es sich um einen Moorgley –, im darunterliegenden Mineralboden sind starke Vergleyungserscheinungen zu beobachten. Torf entsteht wegen Wassersättigung infolge von Luftmangel, welcher den Abbau der toten organischen Substanz hemmt.

Niedermoor Ein Niedermoor entwickelt sich meist am Rande von Seen durch Verlandung, wenn sich im flachen Wasser die Reste von Schilf, Seggen und Rohrkolben nur noch langsam zersetzen können. Niedermoore bilden sich aber auch in Geländesenken, in denen das Grundwasser direkt an der Bodenoberfläche steht. Sie sind damit auf das Grund- oder Oberflächenwasser angewiesen.

Moorböden mit ihren mächtigen Torfbildungen fallen schon durch ihre charakteristische Vegetation auf: Torfmoose *(Sphagnum* spec.) und Wollgräser *(Eriophorum* spec.).

Hochmoor Den Gegensatz zu den Niedermooren bilden die Hochmoore, die generell unabhängig vom Grundwasser sind und nur von den Niederschlägen gespeist werden, die randlich nicht abfließen. Ihr Torf wird vorwiegend von Torfmoosen (*Sphagnum* spec.) gebildet. Sie sind – soweit noch nicht zerstört – vor allem im norddeutschen Flachland zu finden.
Übergangsmoor Beide Typen werden durch das sogenannte Übergangsmoor miteinander verbunden, wenn ein Niedermoor durch fortwährende Torfanhäufung aus dem Einflußbereich des Grundwassers herauswächst und somit in seinem unteren Teil vom Grund-, in seinem oberen jedoch allein vom Niederschlagswasser abhängt.

Vom Menschen geschaffene Böden

Die sogenannten Kultosole, die vom Menschen geschaffenen Bodentypen, umfassen nur solche Böden, die in ihrem gesamten Profil umgestaltet wurden. Bleiben wesentliche Merkmale der ehemaligen Böden erhalten, wie das beispielsweise beim Umpflügen der Fall ist, wenn lediglich anstelle des A_h- ein A_p-Horizont entsteht, so gilt weiterhin der ursprüngliche Name.

Hortisol

Ein Gartenboden oder Hortisol entsteht durch eine viele Jahrzehnte währende gärtnerische Tätigkeit, die die Bildung eines bis 80 cm mächtigen humosen A_p-Horizonts bewirkt: durch tiefgründiges Umgraben, eine intensive organische Düngung, durch Bewässerung, Beschattung und dadurch geförderte Aktivität von Bodentieren.

Auftragsboden

Aufschüttungen und Aufspülungen lassen sogenannte Auftragsböden entstehen, in denen eine neue Bodenbildung einsetzt. Profilbeschreibungen lauten etwa yYAi-yY-IIf... oder jYAi-jY-IIf.... wobei f für fossil steht und die römische Zahl II zur Abgrenzung der darunterliegenden reliktischen Bodenhorizonte dient. Nach wenigen Jahrzehnten sind unter Umständen bereits ganz andere Profile feststellbar: Auf den mörtel- und damit kalkhaltigen Kriegstrümmern aus dem Zweiten Weltkrieg in West-Berlin finden sich heute teilweise sogenannte Trümmerschutt-Pararendzinen.

Von Luft, Wasser, Humus und Nährstoffen

Bodenphysik und Bodenchemie sind überaus umfangreiche Spezialgebiete der Bodenkunde, die im Rahmen dieses Buches lediglich in sehr geraffter Form angerissen werden können. Ihre Grundlagen stellen jedoch ein unbedingt notwendiges Wissen dar, um Eigenschaften und Prozesse in dem Lebenselement Boden zu verstehen.
Zur Sprache kommen hier Poren, Bodenluft und Bodenwasser, das Gefüge, der pH-Wert, der Humus, die wichtigsten Nährstoffe und die Bedeutung von Böden als Bestandteil von Ökosystemen. Dazu zählen mannigfaltige Kreisläufe sowie die Wirkung des Bodens als Puffer- und Filtersystem für eindringende Säuren, Basen und Schadstoffe.

Die Bedeutung der Poren

Ein für den Anbau von Kulturpflanzen optimaler Boden besitzt ein Substanzvolumen von 50%: Feste Bodensubstanz nimmt also nur die Hälfte des gesamten Volumens ein, der Rest besteht aus luft- oder wassergefüllten Poren. Mindestens ebenso entscheidend wie das Gesamtvolumen aller Poren zusammen ist die Verteilung auf die verschiedenen Porengrößen.
Unterschieden werden Grobporen mit einem Durchmesser von mehr als 10 µm, Mittelporen mit einer Weite von 10 bis 0,2 µm sowie Feinporen von unter 0,2 µm. Bedeutung erlangt diese Unterteilung vor allem für den Wasserhaushalt.

Mikrometer, Millimeter
Ein Millimeter (mm) stellt ein Tausendstel eines Meters dar, ein Mikrometer (µm) wiederum ein Tausendstel eines Millimeters. 1 µm – in der Bodenkunde eine wichtige Maßeinheit – ist damit genau 0,001 mm oder 0,000001 m.

Grobporen

Die Grobporen leiten in den Boden gelangendes Wasser rasch in den Untergrund und sind daher meist mit Luft gefüllt. Sie bestehen in Sandböden aus den Zwischenräumen der relativ großen Körner. In bindigen, feinkörnigen Böden, die eine zusammenhängende stabile Masse bilden, sind nur wenige Grobporen enthalten. Diese entstanden in erster

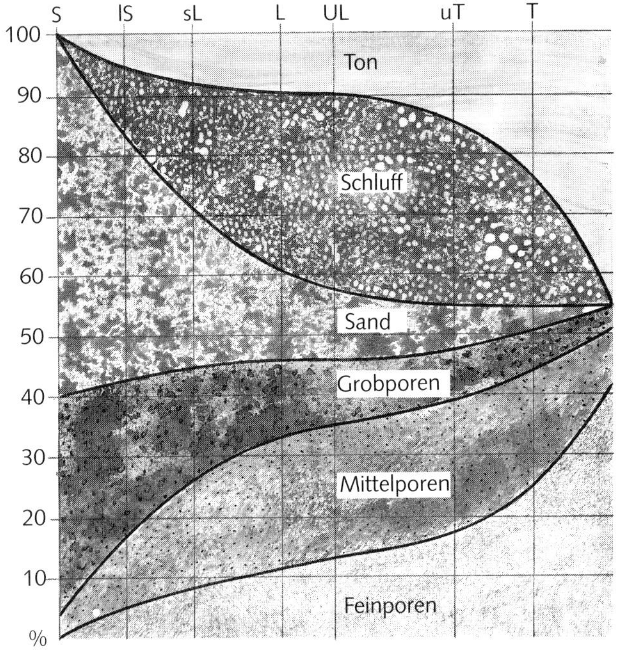

Je nach der in einem Profil vorhandenen Bodenart ergibt sich ein ganz unterschiedlicher Anteil von fester Bodensubstanz und Poren. Ökologisch wichtig ist neben dem Porenvolumen vor allem der Anteil an Grob-, Mittel- und Feinporen. In den Grobporen versickert das Wasser recht schnell. Das Wasser in den Mittelporen können die Pflanzen aufnehmen. Die Feuchtigkeit in den Feinporen ist zu fest gebunden und kann von den Wurzeln nicht angesaugt werden.

Linie durch Pflanzenwurzeln, grabende Tiere und Schrumpfungsvorgänge.

Mittelporen

Aus den Räumen zwischen Feinsand- und Schluffkörnern sowie wiederum anderweitigen Hohlräumen bestehen die Mittelporen. Für die Wasserführung des Bodens und somit für das Pflanzenwachstum sind sie am wichtigsten, denn sie bergen das pflanzenverfügbare Haftwasser: Es bewegt sich nur sehr langsam im Boden und steigt innerhalb des sogenannten Kapillarsaumes oberhalb des Grundwasserspiegels empor. Selbst bei längeren Trockenperioden gewährleisten diese Mittelporen daher zumeist noch eine ausreichende Wasserversorgung der Pflanzen.

Feinporen

Mit einer den Tonmineralen entsprechenden Größe von weniger als 2 µm finden sich die Feinporen vor allem in den bindigen, an Ton reichen Böden. Auch sie können durch Haftwasser gefüllt sein, binden es aber so fest, daß es von den Pflanzenwurzeln nicht genutzt werden kann. Mit Luft füllen

Insbesondere die Tonminerale bewirken mit ihrer Quellfähigkeit bei Wasseraufnahme und ihrem Schrumpfen beim Austrocknen die Bildung typischer Gefügeformen im Bodenprofil. Die oberflächlichen Trockenrisse auf dem Maisacker können sich in Form etwa eines Rißgefüges in die Tiefe fortsetzen; meist handelt es sich um ein Prismengefüge.

sie sich nur bei einer extremen und lang andauernden Austrocknung des Bodens. Mikroorganismen können in ihnen aufgrund des minimalen Raumes nicht leben.

Wasserspeicherung

Je nach Volumen der Poren und Verteilung der Porengrößen – beide hängen im wesentlichen von der Bodenart ab – kann ein Boden eine sehr unterschiedliche Menge an Wasser speichern. Als Maß für die maximal in den Poren speicherbare Menge an Haftwasser dient die sogenannte Feldkapazität. In einem reinen Sandboden versickert ankommendes Niederschlagswasser sofort, weil er fast nur Grobporen aufweist. Damit besteht zwar eine geringe Erosionsanfälligkeit, der Boden trocknet andererseits jedoch innerhalb von wenigen regenfreien Tagen wieder aus. Schluff- und tonhaltige Böden nehmen das Regenwasser weniger schnell auf, was bei Gewitterregen eine höhere Anfälligkeit gegen Wassererosion zur Folge hat. Ein Teil des in den Boden gelangenden Wassers füllt die Mittel- und Feinporen, wo es durch physikalische Kräfte mehr oder weniger stark festgehalten wird.

Haftwasser, Sickerwasser
Nach einem Regen können im Boden verschiedene Formen von Wasser auftreten: Das Sickerwasser sickert durch die Grobporen mit mehr als 10 µm Durchmesser relativ schnell in die Tiefe, um dort den Vorrat an Grundwasser aufzufrischen. Das Haftwasser dagegen wird gegen die Schwerkraft als dünner Wasserfilm auf der Oberfläche fester Bodenpartikel und in feineren, weniger als 10 µm messenden Poren festgehalten. Es bildet zugleich den sogenannten Kapillarsaum aus, indem es innerhalb einer gewissen Zone über der Grundwasseroberfläche aufsteigt.

Zunächst wird nahe der Oberfläche die Feldkapazität erreicht, dann zieht sich die Wasserfront tiefer in das Bodenprofil hinein. Das Wasser bewegt sich dabei als Haftwasser langsam und deutlich schneller als Sickerwasser, welches bei längeren Niederschlägen bis zum Grundwasser vordringen und dessen Vorräte auffrischen kann.
Die Pflanzenwurzeln nehmen zusammen mit dem Bodenwasser über ihre feinen Wurzelhaare alle wichtigen Nährstoffe auf. Das Wasser dient ihnen somit als Lösungsmittel.

Bodenluft und Wurzelatmung

Eine nicht mindere Bedeutung für die Pflanzenwurzeln kommt der Bodenluft zu, denn sie ist die Voraussetzung für

die notwendige Wurzelatmung. Dabei verbrauchen die Wurzelzellen Sauerstoff (O_2) und geben Kohlendioxid (CO_2) ab, so daß die Bodenluft gegenüber der Atmosphäre im allgemeinen um das 10fache an CO_2 angereichert ist. Dazu tragen auch die Mikroorganismen mit ihrer Atmung ihr Scherflein bei.
In die Poren eindringendes Wasser verdrängt die Bodenluft; ein Austausch mit der atmosphärischen Luft erfolgt daneben auch durch Druckunterschiede infolge von Temperatur- und Luftdruckdifferenzen. Der wichtigste Vorgang ist die „Bodenatmung": Da die Menge an Sauerstoff pro Einheit in der Atmosphäre größer als im Boden ist, diffundiert dieser in die Bodenporen, während CO_2 bei umgekehrtem Gefälle aus dem Boden an die atmosphärische Luft abgegeben wird.

Das Bodengefüge: krümelig oder plattig?

Der Begriff des Bodengefüges kennzeichnet die Art und Weise, in der die den Boden aufbauenden Teilchen gelagert sind. In der Regel versteht man darunter das Makrogefüge, welches mit bloßem Auge sichtbar ist. Nur davon soll hier die Rede sein. Auf das Mikrogefüge wird nicht näher eingegangen, da es Eigenschaften betrifft, die nur im Dünnschliff einer Bodenprobe unter dem Mikroskop zu erkennen sind.
Mannigfaltige Prozesse im Boden führen dazu, daß im Laufe der Zeit ein von Horizont zu Horizont oft unterschiedliches Gefüge entsteht. Dazu zählen die Flockung oder Koagulation, also das Zusammenballen kleinerer Bodenteilchen zu größeren, der umgekehrte Vorgang der Zerteilung (Peptisation), die Eigenschaften der Quellung und Schrumpfung von Tonmineralen bei Aufnahme bzw. Abgabe von Wasser, die verkittende Wirkung von Eisenoxiden, die Entstehung von sogenannten Ton-Humus-Komplexen als Verbindungen von organischen und mineralischen Teilchen sowie Einflüsse von Wasser, Frost, Wärme und Pflanzendecke.
Drei Grundformen des Gefüges lassen sich unterscheiden:

- Einzelkorngefüge: Alle Teilchen liegen – wie in einem lockeren Sandboden – einzeln und nicht miteinander verkittet vor.
- Kohärentgefüge: Die einzelnen Teilchen sind durch Ton und Humus zu einer zusammenhängenden (kohärenten) Masse miteinander verkittet.
- Aggregatgefüge: Die Bodenteilchen haben sich zu bestimmten größeren Elementen, sogenannten Aggregaten, zusammengeballt.

Seite 57:
Das Bodengefüge beschreibt, wie die mineralischen Teilchen zueinander angeordnet sind. Typisches Einzelkorngefüge liegt in einem Sandboden vor. Im Kittgefüge sind die körnigen Bodenteilchen vor allem durch Eisenverbindungen recht fest miteinander verbunden. Kohärentgefüge bezeichnet eine ungegliederte, zusammenhängende Masse wie in einem wassergesättigten Ton- und Schluffboden. Alle anderen Gefügeformen rechnen zum Aggregatgefüge, in dem sich Bodenteilchen zu mehr oder weniger großen Aggregaten zusammenfügen. Sie entstehen vor allem durch Schrumpfungsprozesse unter Mitwirkung von Tonmineralen oder durch bodenbiologische Prozesse. Für höchste bodenbiologische Aktivität und damit auch gute Fruchtbarkeit spricht besonders das Krümelgefüge.

Einzelkorngefüge

Kittgefüge

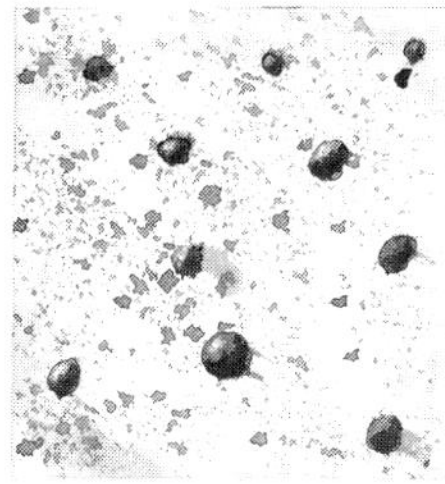
Kohärentgefüge

Prismengefüge

Rißgefüge

Säulengefüge

Schichtgefüge

Bröckel

Krümelgefüge

Subpolyedergefüge

Polyedergefüge

Plattengefüge

Klumpen

Am häufigsten findet man den letzten Fall des Aggregatgefüges, welches wiederum weiter untergliedert wird. Die wichtigsten Typen zeigt die Abbildung auf dieser Seite, wobei auch zwischen den drei Grundformen alle Übergänge vorkommen.

Jeder Gärtner und Landwirt wünscht sich im Oberboden ein sogenanntes Aufbaugefüge; es entsteht durch die Bodenlebewesen, deren Tätigkeit Zusammenballungen des Bodenmaterials wie Krümel und Wurmlosung entstehen läßt. Das Aufbaugefüge bietet eine optimale Porengrößenverteilung mit den besten Eigenschaften für einen ausgeglichenen Luft- und Wasserhaushalt, für eine weiterhin reiche Mikroorganismentätigkeit, für das Eindringen und die Ernährung der Pflanzenwurzeln.

Nährstoff- und andere Ionen

Je kleiner die Teilchen in einem Boden sind, desto größer ist in Relation zum Durchmesser ihre Oberfläche. Dieser allgemeine physikalische Grundsatz spielt für den Nährstoffhaushalt und die Reaktion der Böden eine ganz entscheidende Rolle: An diesen Oberflächen lagern sich Moleküle und Ionen an, die unter anderem auch für das Pflanzenwachstum unabdingbare Nährstoffe darstellen. Man spricht bei einer solchen Bindung an den Grenzflächen von einer Sorption. 1 g eines durchschnittlichen Bodens weist eine spezifische Oberfläche von einigen bis zu 500 m^2 auf.

Ionenaustausch

Besondere Bedeutung kommt den Tonmineralen und den organischen Substanzen im Boden zu, die negativ geladen sind. Sie zeigen das Bestreben, diese Ladung per Anlagerung von positiv geladenen Molekülen oder Ionen – den Kationen – zu neutralisieren. Diese Kationen können gegen andere ausgetauscht werden, so durch Kaliumionen aus der Düngung oder durch Wasserstoffionen, die die Pflanzenwurzeln bei der Nährstoffaufnahme abgeben. Dieser Vorgang wird als Kationenaustausch bezeichnet.

Neutrale Moleküle wie die des Wassers können angelagert (adsorbiert) werden, ohne daß andere Moleküle oder Ionen abgegeben (desorbiert) werden müssen. Ansonsten jedoch handelt es sich um echte Austauschvorgänge, wobei die festen Bodenbestandteile, an deren Oberfläche diese Vorgänge stattfinden, die Austauscher darstellen.

Die sogenannte Kationenaustauschkapazität eines Bodens kennzeichnet die Menge aller sorbierten Kationen, gemessen in Millimol (mmol) pro 100 g Boden. Sie läßt sich experimentell bestimmen.

Kationen

Das Gros der Kationen in unseren Böden stellen die Elemente Calcium, Magnesium, Kalium, Aluminium, Wasserstoff und zum Teil Natrium. In geringeren Mengen werden Ammonium- (NH_4^+) und Eisenionen ausgetauscht, in Spuren Mangan-, Kupfer- und Zinkionen, desgleichen Schadstoffe wie Blei, Cadmium, Chrom, Quecksilber und Strontium.

Eine Besonderheit der Tonminerale sei hier genannt: Viele von ihnen sind aufweitbar, d. h. die sie aufbauenden Silikatschichten in den Kristallen lösen sich voneinander, so daß andere Ionen dazwischenrutschen bzw. ausgetauscht werden können. Diese sogenannte innere Oberfläche der Tonminerale bewirkt zusammen mit der ohnehin sehr großen äußeren Oberfläche die hohe Austauschkapazität des Tons.

Anionen

In deutlich geringerem Umfang findet im Boden auch ein Anionenaustausch statt, also ein Wechsel von negativ geladenen Ionen. Ein solcher ereignet sich an positiv geladenen Austauschplätzen ebenfalls an Tonmineralen, organischen Substanzen und Hydroxiden. Austauschbare Anionen sind vor allem Phosphat (PO_4^{3-}), Kieselsäure (SiO_4^{4-} und SiO_3^{2-}), Sulfat (SO_4^{2-}), Nitrat (NO_3^-) und Chlorid (Cl^-).

Das Milieu und die Austauschkapazität

Der Ionenaustausch kann nur in Gegenwart von Wasser ablaufen. Er ist stark abhängig vom pH-Wert des Bodens: Optimale Austauschbedingungen für Kationen herrschen im basischen Bereich, für Anionen im sauren. Daneben hängt die Austauschkapazität jedoch von einer Vielzahl weiterer Faktoren ab.

Die austauschbaren Ionen entscheiden auch über die Fruchtbarkeit der Böden. Eine noch so umfangreiche Mineraldüngung eines Ackerbodens erzielt nur eine geringe Wirkung, wenn dieser keine große Austauschkapazität bietet. Dann werden nur wenige Nährstoffionen aus dem Dünger gebunden und somit für die Pflanzen verfügbar festgehalten. Eine starke Auswaschung des Düngemittels ist die Folge. Viel hilft also tatsächlich nicht unbedingt viel.

Die Rolle des pH-Wertes

Die Konzentration von Wasserstoff (H^+)-Ionen in der Bodenlösung, also in den flüssigen Bestandteilen des Bodens, dient als Maß für die Bodenreaktion. Sie wird mit Hilfe des pH-Wertes ausgedrückt, der den negativen Logarithmus der H^+-Konzentration darstellt. Im Klartext bedeutet das, daß sich die Konzentration der H-Ionen von pH-Zahl zu pH-Zahl jeweils verzehnfacht. Der Neutralpunkt des pH-Wertes liegt bei 7, darüber spricht man von einer basischen oder alkalischen Reaktion, darunter von einer sauren.

Bedingt wird die Bodenreaktion zum einen durch die Produktion von H^+-Ionen, zum anderen durch den Verlust an basisch wirkenden austauschbaren Kationen. Somit beeinflußt zunächst das Ausgangsgestein, aus dem ein Boden entsteht, dessen pH-Wert. Böden aus Kalkstein oder Basalt weisen danach zunächst eine basische, Böden aus Granit oder Flugsanden dagegen eine saure Reaktion auf.

Säure im Boden

In einem Boden werden weitere H^+-Ionen auf verschiedenen Wegen produziert:

- Die Bodenorganismen und die Pflanzenwurzeln geben bei ihrer Atmung Kohlendioxid (CO_2) ab, welches sich mit Wasser zu Kohlensäure (H_2CO_3) verbindet, die sich wiederum zu Hydrogencarbonat (HCO_3^-) und H^+ spaltet.
- Pflanzenwurzeln sondern bei der Aufnahme kationischer Nährstoffe im Gegenzug H^+-Ionen ab.
- Die Oxidation reduzierter Schwefel-, Stickstoff-, Eisen- und Manganverbindungen läßt H^+-Ionen entstehen.
- Die Düngung mit sauren Düngern wie Superphosphat, Ammoniumphosphat und Harnstoff bewirkt eine weitere Erhöhung der H^+-Ionenkonzentration.
- Luftverunreinigungen, im Niederschlag gelöst, führen zu einer Versauerung des Regens: In unbelasteten Gebieten besitzt er einen durchschnittlichen pH-Wert von 5,6; das bundesdeutsche Mittel liegt heute nur noch bei 4,3.

Alle diese Prozesse bewirken indirekt einen Verlust an austauschbaren, also ursprünglich an Austauschern im Boden gebundenen Ionen. An die Stellen von Calcium, Magnesium, Kalium und Natrium setzen sich die H^+-Ionen. Zunächst bedeutet das jedoch noch keine Absenkung des pH-Wertes, da die ausgetauschten Kationen noch in der Bodenlösung verbleiben und somit einen Ausgleich für die vermehrten H^+-Ionen darstellen.

Im Laufe der Zeit wäscht Sickerwasser die nicht sorbierten Kationen aus, andere werden von den Pflanzenwurzeln aufgenommen. Erst dadurch sinkt schließlich der pH-Wert des Bodens ab. Als Gegenmaßnahme gegen die Versauerung bleibt nur eine Düngung mit Kalk und anderen basisch wirkenden Düngemitteln, so daß OH^--Ionen die H^+-Ionen neutralisieren oder andere Verbindungen mit dem Wasserstoffion reagieren und es somit aus dem Verkehr ziehen.

Die Pufferwirkung

Böden stellen wirksame Puffersysteme dar: Über längere Zeit bleibt der pH-Wert auch bei Zufuhr von H^+- oder OH^--Ionen ziemlich konstant. Diese Eigenschaft beruht vor allem auf der Funktion der Austauscher, in erster Linie der Tonminerale und der organischen Teilchen. Sie binden ankommende H^+-

Ionen – wie geschildert – im Austausch gegen vorher sorbierte Kationen. Umgekehrt werden OH^--Ionen durch die Verbindung mit H^+-Ionen zu Wasser (H_2O) unwirksam gemacht.
Diese Pufferwirkung funktioniert jedoch nur innerhalb bestimmter Grenzen. Werden diese überschritten, so setzt eine pH-Erniedrigung oder -Erhöhung ein. Darauf reagieren die Pflanzen und Bodenorganismen sehr empfindlich – deshalb ist die Pufferfunktion der Böden so wichtig. Das Eingreifen des Menschen in ökologische Zusammenhänge wirkt sich auch hier verhängnisvoll aus.
Eine ähnliche Pufferung übernehmen die Böden auch für viele potentielle Schadstoffe wie beispielsweise Schwermetalle, die durch eine Bindung an Austauscher vorübergehend außer Gefecht gesetzt werden. Erst bei einer gravierenden Änderung der Umweltfaktoren, etwa durch die Versauerung des Bodens, werden diese wieder freigesetzt und somit ihre giftigen Auswirkungen aktiviert. Das Aluminium liefert dafür ein eindrucksvolles Exempel (s. Seite 91).

Humus – der wichtige Oberboden

Zur organischen Substanz eines Boden zählen alle toten pflanzlichen und tierischen Teile, nicht jedoch die lebenden Organismen. Sie wird im allgemeinen als Humus bezeichnet und setzt sich aus Streustoffen und Huminstoffen zusammen. Erstere bestehen aus in der Verwesung begriffenen, jedoch noch sichtbar strukturierten Geweben, letztere aus dunkel gefärbten Produkten der Umformung, die aus vielen und komplexen Molekülen aufgebaut sind. Sie verleihen dem Humus seine typisch dunkelbraune bis fast schwarze Färbung.
Das mengenmäßig wichtigste Ausgangsmaterial der Humusbildung stellen die abgestorbenen Wurzeln und oberirdischen Teile der Pflanzen dar. Sie bestehen in frischem Zustand zu 20 bis 90 % aus Wasser, daneben aus verschiedenen Mineralstoffen wie Kalium, Calcium, Magnesium, Phosphor, Schwefel und anderen sowie diversen organischen Verbindungen wie Kohlenhydraten, Ligninen und Stickstoffverbindungen als die wichtigsten Bestandteile der toten Zellen.

Die Zersetzung

Die Streustoffe entstehen auf dem Wege der Verwesung, wobei eine Verfärbung eintritt und erste chemische Prozesse die Substanzen anzugreifen beginnen. Schon bald beteiligen

sich größere und mittelgroße Tiere der Bodenfauna, indem sie die ehemaligen Zellverbände zerbeißen, teilweise oder ganz auffressen und als Reste wieder ausscheiden. Dieser Vorgang, an dem vor allem Regenwürmer, Enchyträen und verschiedene Gliederfüßer beteiligt sind, bereitet die Voraussetzungen für den anschließenden mikrobiellen Abbau: Bodenflora und Mikrofauna spalten unter Mitwirkung von Enzymen die organischen Verbindungen in ihre Grundbausteine.

Auf diese Weise wird über unzählige Zwischenstufen die tote organische Substanz letztlich zu Kohlendioxid (CO_2) und Wasser (H_2O) unter Freisetzung von Energie, von Stickstoff in Form von Ammonium (NH_4^+) sowie der verschiedenen Mineralstoffe zerlegt. Diese liegen somit wieder in einer Form vor, in der sie von Pflanzen als Nährstoffe aufgenommen werden können – die Kreisläufe schließen sich. Der Teilprozeß, bei dem die organisch gebundenen Elemente freigesetzt und als anorganische Verbindungen verfügbar werden, nennt man Mineralisierung.

Humus entsteht durch den Abbau der toten organischen Substanz im Boden. Unter der vorjährigen, noch unzersetzten Laubstreu an der Oberfläche des Waldbodens finden sich die verschiedenen Stadien der Verwesung, der mechanischen Zerkleinerung und des mikrobiellen Abbau bis hin zu den aus den Resten aufgebauten Huminstoffen.

Links:
In den zahllosen Kreisläufen der Natur wird jedes organische Material nach dessen Tod wieder in seine Grundbestandteile zerlegt und dient so dem Aufbau neuen Lebens. Auf dem abgestorbenen Ast einer Kopfweide leben bereits wieder Moose und sogar ein Pilz.

Oben rechts:
3 Typen des organischen Auflagehorizontes, die zugleich den zunehmenden Abbau der Laubstreu verdeutlichen: rechts Material aus dem L-Horizont mit nicht oder kaum zersetzter Substanz, in der Mitte des O_f-Horizontes mit bereits 10 bis 70 % organischer Feinsubstanz, links des O_h-Horizontes, in dem der größte Teil zu braun gefärbter organischer Feinsubstanz zerlegt ist.

Unten rechts:
An der Zersetzung von toten Blättern sind die verschiedensten Mikroorganismen intensiv beteiligt. Übrig bleiben schließlich nur noch die Reste des Blattgerippes aus den ehemaligen Leitungsbahnen des Blattes, die als letztes abgebaut und zerkleinert werden.

Die Humifizierung

Ein anderer Vorgang ist die Humifizierung, die Bildung der dunklen Huminstoffe, welche dem Humus seine typische Färbung verleihen. Dabei handelt es sich um Teilchen, die wie die Tonminerale eine Größe von unter 2 µm und damit eine sehr große Oberfläche besitzen. Auch sie haben die Fähigkeit, Wassermoleküle und (Nährstoff-)Ionen austauschbar anzulagern, und zwar noch in weitaus größerem Maße als die Tonminerale. Gerade das macht sie so wertvoll für die Bodenfruchtbarkeit. Zugleich beeinflussen sie das Gefüge und den Wärmehaushalt der Böden positiv.
Huminstoffe entstehen auf dem chemischen Weg der Humifizierung. Als Basis dienen die bei der Verwesung organischer Substanz freigesetzten Inhaltsstoffe und Wandbestandteile

der Pflanzenzellen. Huminstoffe sind relativ langlebige Produkte, können jedoch auch wieder zersetzt und endgültig in ihre Grundbausteine zerlegt werden.
Humus kennen wir natürlich vor allem als Auflagehorizont auf den Landböden. Je nach Verwesungsbedingungen unterscheidet man dabei 3 Humusformen:
Mull spricht für nährstoffreiche Böden mit einer hohen biologischen Aktivität, also ein reiches und optimal entfaltetes Leben der Mikroorganismen. Zur Folge hat dies eine rasche Verwesung und Humifizierung unter intensiver Mitwirkung der Bodenfauna, die zugleich eine gute Vermischung des Humus mit den mineralischen Bodenbestandteilen bewirken. Mull findet sich vor allem unter krautreichen Laubwäldern und auf Wiesen- und Ackerstandorten.
Rohhumus kennzeichnet nährstoffarme, biologisch inaktive Böden: Er fällt durch nur grob zerkleinerte und kaum verweste Pflanzenteile mit nur wenig Tierlosung auf, die auf eine geringe Zahl und Vielfalt von Bodentieren schließen lassen. Ein humoser Oberboden ist im Vergleich zur mächtigen organischen Auflage nur gering ausgebildet. Die Auflage besteht aus oft mächtigen L-, O_f- und O_h-Horizonten (s. Seite 34). Rohhumus bildet sich besonders auf extrem nährstoffarmen und sandigen Böden mit einer Pflanzendecke, die schwer zersetzbare Streu liefert. Dazu zählen Heiden, Kiefern- und Fichtenwälder.
Moder nimmt eine Zwischenstellung zwischen Mull und Rohhumus ein. Die 3 organischen Auflagehorizonte sind zwar meist vorhanden, jedoch nur schmal und undeutlich ineinander übergehend. Krautarme Laub- und Nadelwälder bieten die Hauptvorkommen des Moders.
Bei stärkerem Einfluß von Wasser bildet sich als Humusform Anmoor oder Torf. Daneben unterscheidet man auch bei Unterwasserböden verschiedene Humusformen.

Pflanzennährstoffe und ihre Kreisläufe

Die im Boden wurzelnden Pflanzen leben nicht von Sonne, Luft und Wasser allein, sondern benötigen auch eine Vielzahl an Nährstoffen. Diese nehmen sie in Form von Ionen bestimmter Nährelemente auf, die im Bodenwasser gelöst sind.
13 Nährelemente aus dem Boden gelten für die höheren und auch niederen Pflanzen als unentbehrlich. Hauptnährelemente, die in größeren Mengen benötigt werden, sind Stickstoff, Phosphor, Schwefel, Kalium, Calcium und Magnesium.

Als Spurennährelemente werden Bor, Molybdän, Chlor, Eisen, Mangan, Zink und Kupfer benötigt. Letztere brauchen die Pflanzen zwar nur in geringen Mengen, jedoch sind sie genauso notwendig.
In den Boden gelangen diese Nährelemente auf verschiedenen Wegen. Die meisten von ihnen werden bei der Verwitterung des Ausgangsgesteins der Bodenbildung frei, manche werden aus der Atmosphäre eingetragen, andere mit dem Grundwasser, sofern es bis zu den Pflanzenwurzeln hinaufreicht. Viele stammen aus verwester organischer Substanz und einige schließlich aus den Düngemitteln des wirtschaftenden Menschen.

Die Verfügbarkeit

Die wenigsten in einem Boden vorhandenen Nährstoffe könnten jedoch von den Pflanzen auch augenblicklich aufgenommen werden. Viele sind beispielsweise am Aufbau von Mineralen im Boden beteiligt und so erst längerfristig nutzbar, je nachdem, wie stabil die Minerale sind. Von der Abbauresistenz hängt die Verfügbarkeit der Nährstoffe aus der toten organischen Substanz ab. Sofort für die Pflanzen verfügbar sind dagegen die im Bodenwasser gelösten Ionen und diejenigen Ionen, die an den Oberflächen von Austauschern – vor allem Tonmineralen und Huminstoffen – infolge ihrer leichten Bindung schnell gegen andere Ionen austauschbar sind.
Die Nährstoffe durchlaufen zahlreiche und komplexe Stoffkreisläufe, indem sie ständig in Prozesse des Aufbaus und des Abbaus einbezogen sind, soweit sie nicht durch Speicherung längerfristig festliegen. Als Beispiel wird hier in stark verkürzter und vereinfachter Form der Kreislauf des Stickstoffs dargestellt.

Leguminosen wie die Lupine leben mit Knöllchenbakterien an ihren Wurzeln in einer Symbiose, d. h. einer Lebensgemeinschaft zum Nutzen beider Partner. Knöllchenbakterien vermögen im Unterschied zu den anderen Pflanzen elementaren Luftstickstoff zu binden und so in eine pflanzenverfügbare Form zu bringen.

Das Beispiel Stickstoff

Der gasförmige Stickstoff (N_2) baut zu 78 % die Luft auf. Von den Pflanzen kann er in dieser Form jedoch nicht genutzt werden. Auf natürlichem Wege entstehen durch elektrostatische Entladungen bei Gewittern geringe Mengen von Stickoxiden (NO_x), die sich mit dem Regenwasser zu Nitrat (NO_3^-) umsetzen und in den Boden eingewaschen werden. Den elementaren Luftstickstoff direkt nutzen können die sogenannten Knöllchenbakterien, die entweder in einer Lebensgemeinschaft an den Wurzeln bestimmter Pflanzen – besonders den Schmetterlingsblütlern oder Leguminosen –

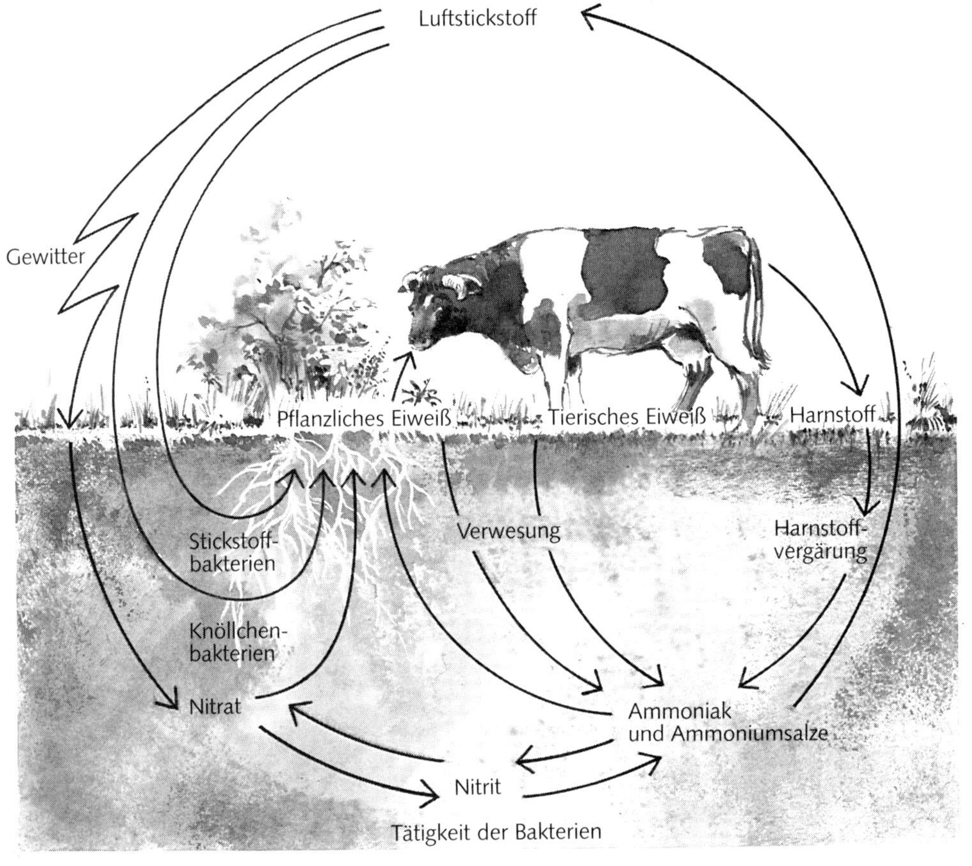

oder aber auch frei im Boden leben. Zu ihren Lebzeiten bauen diese Knöllchenbakterien Stickstoff in ihre Eiweiße ein. Nach ihrem Absterben führt der Vorgang der Ammonifikation durch Fäulnisbakterien zur Bildung von Ammoniumionen (NH_4^+).

Die Ammonium-Ionen werden auf dem Wege der Nitrifikation zu Nitrationen (NO_3^-) oxidiert, die die wichtigste Stickstoffquelle der Pflanzen darstellt. Daneben können die Pflanzen den Stickstoff jedoch auch in Form des Ammoniums aufnehmen.

Den umgekehrten Vorgang stellt die Denitrifikation dar, indem Nitrationen unter Sauerstoffmangel gespalten werden, so daß Stickstoff in Form des N_2 frei wird und in die Luft entweicht.

Der Stickstoff als einer der wichtigsten Pflanzennährstoffe durchläuft einen Kreislauf, der ihn – wie alle anderen Nährstoffe auch – nach dem Einbau in pflanzliche Substanz über verschiedene Wege immer wieder mineralisiert und so pflanzenverfügbar macht. Den in der Luft vorhandenen Stickstoff können die Pflanzen nämlich nicht direkt aufnehmen. Ihn vermögen nur die Stickstoff- oder Knöllchenbakterien zu binden und so in eine pflanzenverfügbare Form zu bringen.

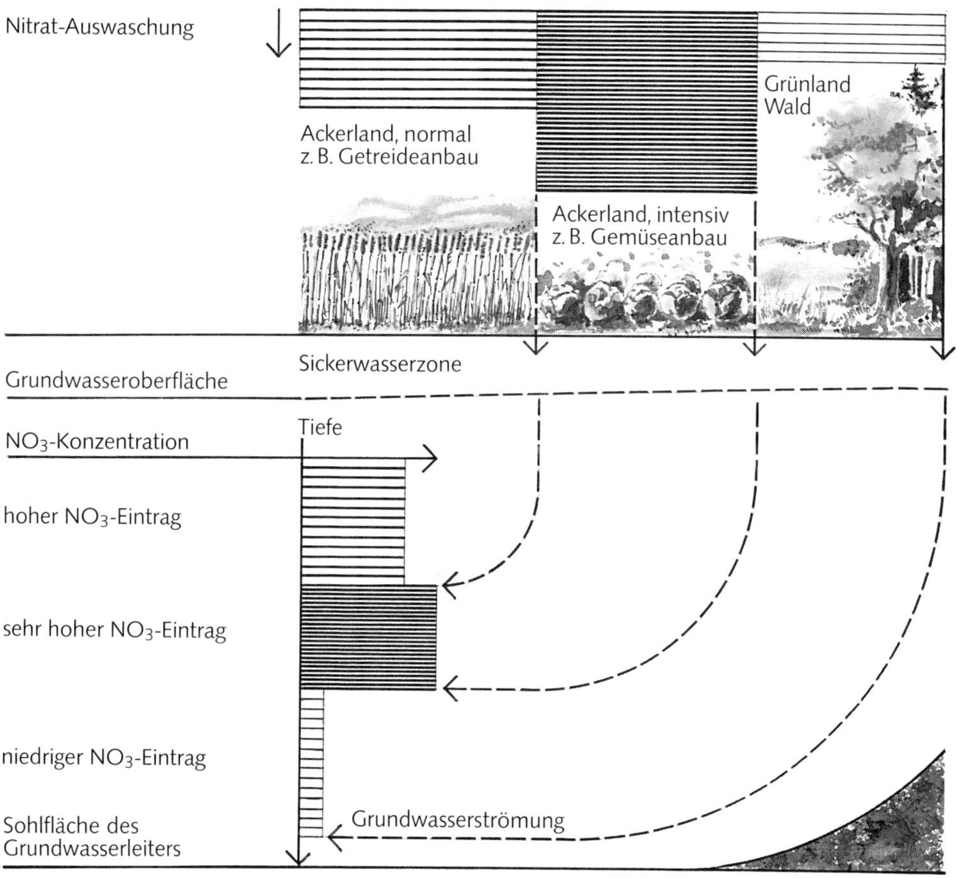

Die Bodennutzung spiegelt sich in der Rate des mit dem versickernden Niederschlagswasser ausgewaschenen Nitrats wider: Am geringsten ist die Auswaschung des NO_3, das sich im menschlichen Körper zu den krebserregenden Nitrosaminen umwandeln kann, unter Wald und Grünland, am stärksten unter intensiv genutztem Ackerland.

Einmal in Pflanzen und in Tiere in Form von Eiweißverbindungen eingeflossen, wird der Stickstoff nach deren Tod wieder zu Ammonium und Nitrat abgebaut.

Auch der Stickstoffkreislauf wird zunehmend vom Menschen beeinflußt. Landwirtschaft, Verkehr, Industrie und Kraftwerke bewirken einen stark angewachsenen Eintrag von Stickstoffverbindungen in den Boden. Zum einen bedeutet das eine merkliche Verschiebung in der Pflanzenwelt, indem sich stickstoffliebende Arten auf Kosten der seltenen, auf nährstoffarme Bedingungen angewiesenen Pflanzen ausbreiten. Zum anderen können die großen Mengen an Nitrat und seinen Umbauprodukten nicht mehr vollständig im Boden festgehalten werden, so daß es zu einer verstärkten Auswaschung und einem Nitrateintrag ins Grundwasser kommt.

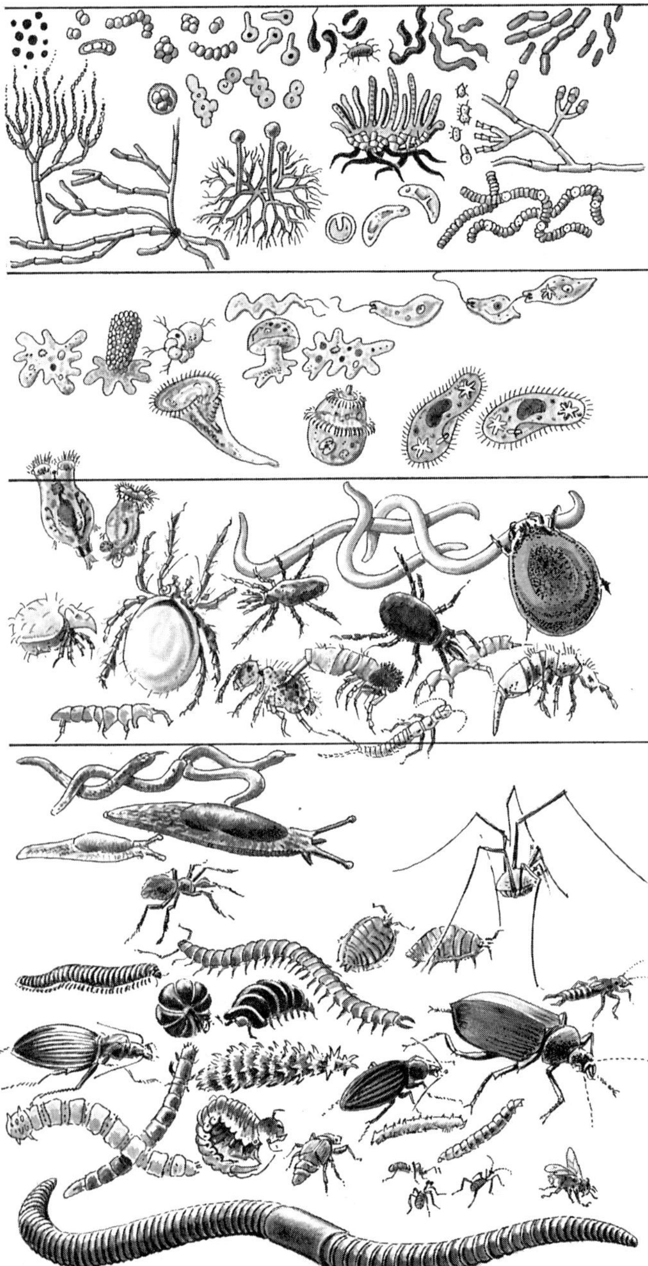

Pflanzliche Mikroorganismen		
Bakterien	50 g	1 000 000 000 000
Strahlenpilze	50 g	10 000 000 000
Pilze	100 g	1 000 000 000
Algen	1 g	1 000 000
Tierische Mikroorganismen		
Geißeltierchen		500 000 000 000
Wurzelfüßer	10 g	100 000 000 000
Wimpertierchen		1 000 000
Kleintiere		
Rädertiere	0,01 g	25 000
Fadenwürmer	1 g	1 000 000
Milben	1 g	100 000
Springschwänze	0,6 g	50 000
Größere Kleintiere		
Borstenwürmer	2 g	10 000
Schnecken	1 g	50
Spinnen	0,2 g	50
Asseln	0,5 g	50
Vielfüßler	4,5 g	300
Käfer und Larven	1,5 g	100
Zweiflüglerlarven	1 g	100
übrige Kerbtiere	1 g	150
Regenwürmer	40 g	80

Leben im Boden

Ein Spaten voll eines beliebigen Bodens besteht keineswegs nur aus fester „toter" Substanz, der gasförmigen Bodenluft und dem flüssigen Bodenwasser. Er bietet zugleich einen Ausschnitt aus einer kaum zu überblickenden Vielfalt an Pflanzen und Tieren im mikroskopischen und makroskopischen, also mit bloßem Auge sichtbaren Bereich. Welche große Bedeutung die Bodenorganismen für zahlreiche zentrale Vorgänge innerhalb des Bodens besitzen, klang in den vorangehenden Abschnitten bereits mehrfach an.

Bakterien, Algen und Pilze

Bakterien und pflanzliche Organismen stellen die größte Zahl der Bodenlebewesen. Grundlegend von pflanzlichen und tierischen Zellen unterscheiden sich die Bakterien als primitive Einzeller ohne Zellkern von 1 bis 10 µm Größe, die sich überwiegend von abgestorbener organischer Substanz ernähren. Sie treten als einzelne Zellen, aber auch in Form von Zellkolonien oder Zellketten auf. Nach ihrer Form unterscheidet man die kugelförmigen Kokken, die stäbchenförmigen Eubakterien und die schraubenförmigen Spirillen.

Für die Bodenkunde wichtige Spezialisten sind zum Beispiel die nitrifizierenden Bakterien, die Ammoniak (NH_4^+) zu Nitrit (NO_2^-) und weiter zu dem Pflanzennährstoff Nitrat (NO_3^-) oxidieren. Ebenfalls angesprochen wurden bereits die sogenannten Knöllchenbakterien, die – selbständig oder in den Wurzelzellen bestimmter höherer Pflanzen lebend – Luftstickstoff in organisch gebundenen Stickstoff umwandeln können. Daneben gibt es denitrifizierende Bakterien, die unter Sauerstoffabschluß Nitrat zu elementarem Stickstoff wandeln.

Ebenfalls zu den kernlosen Einzellern rechnet man die Strahlenpilze oder Actinomyceten, die eine den Bakterien ähnliche Größe besitzen. Sie bilden vielfach ein für die eigentlichen Pilze typisches, feinverzweigtes Mycel – ein fadenförmiges Geflecht. Die der Vermehrung dienenden Sporen werden an den Hyphen (den „Fäden" des Mycels) abgeschnürt. Die mehrzelligen echten Pilze sind durch ihr Mycel gekennzeichnet, dessen Fäden einen Durchmesser von 2,5 bis über

Seite 68:
Unvorstellbar große Massen und Mengen von Pflanzen und Tieren leben auf einem Quadratmeter Boden in den obersten 30 cm (Zahlenangaben nach Seymour/Girardet): Bakterien sind mit 1 Billion vertreten. Strahlenpilze mit 10 Milliarden, Pilze mit 1 Milliarde, Geißeltierchen und Wurzelfüßer zusammen mit 600 Milliarden. Da fallen 80 Regenwürmer schon kaum mehr ins Gewicht.

10 µm besitzen, während die der Strahlenpilze weniger als 1 µm im Querschnitt messen. Als Sporenträger dienen ihnen eigene Organe. Hell gefärbte Pilzgeflechte sind teilweise auch mit bloßem Auge im Boden zu erkennen. Viele der Pilze gehen eine Lebensgemeinschaft mit bestimmten Baum- und anderen höheren Pflanzenarten ein, die sogenannten Mykorrhiza.

Die Algen unterscheiden sich von den bisher besprochenen Organismen im Boden durch das Vorhandensein des grünen Farbstoffes Chlorophyll. Sie sind damit von den genannten Organismen die einzigen echten Pflanzen. Im Boden handelt es sich um einzellige und kurze Fäden bildende mehrzellige Arten der Grün-, Blau- und Kieselalgen, die infolge ihres Lichtbedarfs nur im obersten Bereich des Bodenprofils leben können.

Neben zahlreichen anderen Umweltfaktoren spielt für die Bodenflora der pH-Wert eine besondere Rolle: Die meisten Arten der Bakterien, Strahlenpilze, Blau- und Kieselalgen entfalten sich bei neutralen bis schwach basischen Verhältnissen am besten, lediglich die Pilze und Grünalgen gedeihen auch unter stark sauren Bedingungen.

Tieren auf der Spur

Unter den einzelligen Tieren kommen vor allem Geißeltierchen, Wurzelfüßer (zum Beispiel Amöben) und Wimpertierchen mit einer Größe von 1 µm bis zu wenigen mm im Boden vor. Sie leben meist in dem dünnen Wasserfilm an Bodenteilchen und in wassergefüllten Poren, andere als Parasiten auch in Bodentieren. Die erstgenannten überdauern Trockenzeiten in Form von gegenüber Austrocknung weitgehend unempfindlichen Dauerstadien, den Zysten. Als Nahrung dienen ihnen vor allem Bodenbakterien und Bodenpilze.

Wichtige Würmer

Typische Vertreter der niederen Würmer in Böden sind Rädertierchen (Rotatorien) und Fadenwürmer (Nematoden), meist durchsichtige Organismen von weniger als 0,1 bis zu rund 3 mm Länge. Eine wurmförmige Gestalt besitzen jedoch nur die Fadenwürmer. Rädertierchen wie Fadenwürmer ernähren sich teilweise von Bakterien, Algen und anderen Einzellern, zu einem anderen Teil von toter organischer Substanz. Einige Fadenwürmer sind Parasiten auf Pflanzen bzw. Tieren.

Die Regenwürmer (Lumbriciden) müssen als die bekanntesten Ringelwürmer gelten; zugleich sind sie die wichtigsten Bodenwühler, die bei der Durchmischung und Lockerung des Bodens einschließlich der Gefügebildung eine ganz entscheidende Rolle spielen. Mit 5 bis 15 mm Länge deutlich kleiner sind die Enchyträen, meist weiß gefärbte Borstenwürmer, die von totem organischem Material leben und bei der Zerkleinerung der Streu wertvolle Arbeit leisten.

Spinnentiere

Ungeheuer vielfältig erscheint auch die Gruppe der Gliederfüßer (Arthropoden): Milben mit meist 0,1 bis 2 mm Größe zählen zu den Spinnentieren und leben überwiegend räuberisch. Andere Milbenarten ernähren sich dagegen von Pilzen, Algen und Moosen. Bodenbiologische Bedeutung besitzen sie vor allem durch die Verarbeitung organischer Substanz, die sie zu winzigen Losungsballen verarbeiten.

Asseln – 5 bis über 10 mm groß – kommen besonders in Waldböden vor, wo sie ebenfalls zur Zerkleinerung und Verwesung der Abfälle beitragen. Dasselbe gilt für die Tausend- und Hundertfüßer, die einige Millimeter bis Zentimeter lang werden.

Das Beispiel einer Nahrungskette im Auflage- und Humushorizont eines Bodens: Ein zu Boden fallendes totes Blatt wird von einem Zwergfüßer zersetzt, der von einem Erdläufer gefressen wird. Ein Weberknecht erbeutet schließlich den Erdläufer, bis er selbst einer Singdrossel als Nahrung dient.

Nur wenige der im oder auf dem Boden lebenden Tiere besitzen eine derartige Größe und Auffälligkeit wie die Große Wegschnecke *(Arion rufus)*. Ihre Färbung variiert von orange über rotbraun und dunkelbraun bis zu schwarz. Die häufige Schnecke besiedelt vor allem feuchte Laubwälder und Gehölze.

Winzige Insekten

Zu den wichtigsten Tiergruppen im Boden gehören die Springschwänze (Collembolen), meist unter 1 mm lange flügellose Insekten, die oft massenhaft auftreten und dann eine wesentliche Rolle beim Abbau toten Materials spielen; sie verzehren aber daneben auch lebende Pflanzenteile. Tierische und pflanzliche Nahrung fressen die im Boden lebenden Fliegenlarven, Käfer und Ameisen.

Schnecken

Trockene Böden meiden die Schnecken (Gastropoden), die eine gewisse Bodenfeuchte benötigen, um existieren zu können. Sie leben von frischen Pflanzen, wirken aber auch bei der Zerkleinerung toten pflanzlichen Materials mit, dessen unverdauliche Reste sie als eine humose Losung ausscheiden. Ihre Hauptaktivität zeigen den Schnecken nachts und bei feuchter Witterung.

Der Maulwurf

Einen hohen Bekanntheitsgrad genießt das größte bodenbiologisch bedeutsame Tier, der 10 bis 15 cm große Maulwurf. Er besiedelt am dichtesten Wiesen, Weiden und Laubwälder, wobei er in Gärten häufig die Verfolgung durch aufgebrachte Hobbygärtner fürchten muß. Zum Nahrungserwerb – er frißt vorwiegend Regenwürmer und Insektenlarven – legt er dicht unter der Oberfläche ein weitverzweigtes Gangsystem an. Ebenso eine gewisse Durchmischung des Bodens bewirken Mäuse und – wo sie noch vorkommen – Hamster.

Regenwürmer – Arbeiter im Untergrund

Die Regenwürmer fressen sich buchstäblich durch den Boden, indem sie organische und anorganische Bestandteile aufnehmen, im Magen miteinander vermischen, Kohlenhydrate und Eiweiße nutzen und als Reste stabile Ton-Humus-Komplexe in Form des Kotes wieder ausscheiden. Das Anlegen der Röhren geschieht jedoch sicherlich kaum per „Hindurchfressen" durch das Bodenmaterial, sondern überwiegend durch dessen Beiseitedrücken. Der Boden darf dazu nicht zu fest sein und muß eine gewisse Feuchtigkeit besitzen.

Lebensnotwendig für die Regenwürmer ist ein gewisser Anteil an toter pflanzlicher Substanz im Boden, die bereits mehr oder weniger stark von Mikroorganismen besiedelt ist. Je reicher die pflanzlichen Abfallstoffe an Stickstoff sind, desto lieber werden sie von den Regenwürmern verzehrt. Aufgenommen werden der mit organischer Substanz vermischte Mineralboden genauso wie größere feuchte und weiche tote Pflanzenteile durch saugende und schlingende Bewegungen des Mundes. Vor allem die größeren Arten ziehen so selbst voluminösere Blätter von der Oberfläche in ihre Gänge und damit in den Boden hinein. Der Vorteil: In der feuchteren Röhrenmündung erfolgt eine beschleunigte Zersetzung des Materials, so daß es schneller freßbar wird.

Gänge in drei Dimensionen

Das Anlegen von Gängen im Bodenmaterial ist eine typische Eigenschaft der Regenwürmer. Die kleineren und mittelgroßen Arten leben weitestgehend im A-Horizont; nur während der Ruhezeit im Winter und Sommer graben sie sich bis in

Die 39 verschiedenen Regenwurmarten, die bislang in der Bundesrepublik beobachtet wurden, gelten als die wichtigsten Tiere, welche eine Durchmischung und Lockerung des Bodenmaterials bewirken. Sie leben überwiegend von abgestorbenen, aber auch frischen Pflanzenteilen, die sie von der Oberfläche in den Boden hineinziehen. Ihr Kot ist am sogenannten Wurmlosungsgefüge beteiligt, das im Garten erwünscht ist.

Tiefen von 30 bis 50 cm ein. Ihre Gänge verlaufen in aller Regel ungeordnet dreidimensional durch den Boden.
Anders die der größeren Arten: Sie graben eine senkrecht in die Tiefe reichende Wohnröhre, die immer wieder während der Ruhezeiten aufgesucht wird, so daß die Gefährdung durch Freßfeinde geringer und zugleich das Mikroklima günstiger ist. 10 bis 15 cm unter der Erdoberfläche zweigen von der Hauptröhre mehrere Seitengänge ab, die zu eigenen Ausgängen führen und so den Aktionsradius des Wurmes erhöhen. Die Wände der Röhren sind durch die Losung der Tiere ausgekleidet, durch sogenannte Tapeten. Diese dürfen nicht mit den Tontapeten verwechselt werden, die bei einer Tonverlagerung im Boden auch in den „biogenen Poren" der Regenwurmgänge zu finden sind.
Als biogene Poren können die Regenwurmgänge zwar das gesamte Porenvolumen eines Bodens nicht erhöhen, da sie auf Kosten anderer Poren durch Auseinanderdrücken des Bodenmaterials entstehen. Im Luft- und Wasserhaushalt der Böden können sie dennoch eine hohe Bedeutung besitzen.
Die größeren der insgesamt 39 in Deutschland bekannten Regenwurmarten verursachen eine sogenannte Bioturbation, indem sie als Tiere die Lage von Bodenhorizonten durchmischen. Dies geschieht zum einen durch das Beiseitepressen von Bodenmaterial beim Röhrengraben, zum anderen durch eine Nahrungsaufnahme im A-Horizont und das Ausscheiden des Kotes im B- oder C-Horizont.

Seite 75:
Der „Pürckhauer-Bohrstock" gehört zur Standardausrüstung des geübten Bodenkundlers: Der Bohrstock, mit einem Hammer eingeschlagen und unter drehender Bewegung wieder herausgezogen, gibt den schnellsten Überblick über die Bodentypen eines Gebietes.

Bodenkunde zum Anfassen

Die Bodenkunde als Wissenschaft erfordert zwar für umfangreiche Analysen einen größeren apparativen und technischen Aufwand. Doch auch der professionelle Bodenkundler beginnt, sich ein Bodenprofil im Gelände mit dem Spaten oder Bohrstock zu erschließen. Als erstes betrachtet er die Farbe und befühlt das Material des zu beschreibenden Bodens.
Mit ganz primitiven Mitteln besitzt genauso auch der interessierte Laie zahlreiche Möglichkeiten, durch eigene Untersuchungen die Böden in seiner Umgebung unter die Lupe zu nehmen, zu beschreiben und manche aufregende Entdekkung zu machen.

Mit dem Spaten im Gelände

Das wichtigste Gerät ist sicherlich ein stabiler Spaten, mit dem sich eine Grube und somit ein Bodenprofil aufgraben läßt. Auf einer glatt abgestochenen, feuchten Fläche, die nach Möglichkeit im Sonnenlicht liegen sollte, läßt sich ein Boden am besten begutachten – gerade dem Anfänger ist zu raten, die Mühe des Grabens als Sport auf sich zu nehmen.
Schneller geht es natürlich, schlägt man mit Hilfe eines mächtigen Hammers einen sogenannten Pürckhauer-Bohrstock in den zu untersuchenden Boden. Er besitzt eine Länge von 1 oder 1,5 m und ist nach dem Einschlagen zunächst um 180 Grad zu drehen und dann unter drehender Bewegung herauszuziehen. Auf diese Weise wird das im halboffenen Bohrstock verbleibende Profil sauber getrennt und nicht mit dem Material anderer Horizonte und Tiefen vermischt.
Steinige Böden können den Einsatz von Spaten und Bohrstock allerdings vereiteln; eine Hacke muß dann zusätzlich her. Ein sinnvolles Utensil stellt daneben eine Flasche mit Wasser dar, weil das Anfeuchten eines trockenen Bodens die Farben, Horizonte, Bodenarten und Gefügeeigenschaften ungleich besser erkennen und unterscheiden läßt. Gut geeignet ist eine Blumen- oder Wäschespritze, die das Wasser fein zerstäubt.

Wichtig für das Betrachten eines Bodenprofils, hier des Inhalts eines Bohrstocks, ist ausreichend Licht, um die wichtigen Farb-und Strukturunterschiede gut erkennen zu können. Mit Hilfe eines Messers wird eine glatte Schnittfläche hergestellt. Daneben dient es zum Herausnehmen kleiner Bodenteile zur Fingerprobe, um die Bodenart zu bestimmen und so nicht zuletzt auch die Unterteilung der Horizonte zu erleichtern.

Ein stabiles Messer dient in allen Fällen dazu, das Bodenprofil frisch anzuschneiden, die Lagerungsdichte bzw. den Eindringwiderstand des Materials zu prüfen und einzelne Brocken zur Fingerprobe und Bestimmung der Bodenart zu entnehmen. Daneben sollten zur Ausstattung gehören: ein Zollstock, möglichst ein Klinometer zur Bestimmung der Hangneigung; ein Fläschchen mit 10- bis 20%iger Salzsäure (erhältlich in Drogerie oder Apotheke), um das Vorhandensein von Kalk in Steinen und Böden nachzuweisen; ein Notizbuch mit Bleistiften; vielleicht ein Bestimmungsbuch für die über dem Profil wachsenden Pflanzen, denn auch sie erlauben Aussagen über den Boden; eventuell verschiedene Testlösungen, will man die Gehalte bestimmter Nährstoffe oder den pH-Wert im Boden bestimmen.

Horizonte und Bodenart bestimmen

Am Bodenprofil versucht man nun als erstes, Horizonte gegeneinander abzugrenzen, also Zonen im Boden, die sich anhand ihrer Färbung, der Korngrößen, ihres Gehaltes an Gesteinszersatz und anderen Eigenschaften unterscheiden. Manches Mal sind scharfe Grenzen zwischen Horizonten feststellbar – auch das sollte im Protokoll festgehalten sein –, meist handelt es sich aber um undeutliche Übergänge. Oft empfiehlt sich die Benennung von sogenannten Übergangshorizonten, in denen sich die Merkmale zweier unterschiedlicher Horizonte überschneiden. Sie werden mit den Kurzbuchstaben beider gekennzeichnet – etwa als A_hB_v im Übergang vom A_h- zum B_v-Horizont –, wobei die Eigenschaften des letztgenannten stets überwiegen.

Bestimmung der Bodenart mit der Fingerprobe

(nach Mückenhausen, verändert)

Bodenart	Körnigkeit	Bindigkeit, Formbarkeit
Sand	Einzelkörner gut sicht- und fühlbar; rauh	nicht bindig, haftet nicht am Finger, nicht formbar
schluffiger Sand	Einzelkörner gut sicht- und fühlbar, daneben etwas Feinsubstanz	nicht bindig, mehlig-stumpf, etwas Feinsubstanz haftet am Finger, nicht formbar
lehmiger Sand	Einzelkörner gut sicht- und fühlbar, daneben reichlich Feinsubstanz	etwas bindig, schwach schmierig, Feinsubstanz haftet am Finger, wenig formbar, reißt und bricht bei jeder Verformung
toniger Sand	Einzelkörner gut sicht- und fühlbar, daneben viel Feinsubstanz	schwach bindig, etwas zähplastisch, Feinsubstanz haftet am Finger, formbar, reißt schon bei geringer Verformung
Schluff	Einzelkörner nicht zu unterscheiden, glitzern im Sonnenlicht, samtartig, mehlig	nicht bindig, nicht schmierig, haftet gut, klebt nicht, wenig formbar, bricht bei jeder Verformung, nicht ausrollbar
sandiger Schluff	Einzelbestandteile glitzern im Sonnenlicht, nur wenige Körner sicht- und fühlbar, samtartig, mehlig	nicht bindig, nicht schmierig, haftet gut, klebt nicht, wenig formbar, bricht bei jeder Verformung, nicht ausrollbar
toniger Schluff	Einzelkörner nicht zu unterscheiden, einige glitzern im Sonnenlicht, samtartig, mehlig	schwach bindig, etwas schmierend, haftet gut, klebt etwas, schwach formbar, reißt und bricht leicht bei Verformung
sandiger Lehm	einige Körner noch gut sicht- und fühlbar, viel Feinsubstanz	schwach bindig, haftet am Finger, klebt und schmiert, formbar und bleistiftdick ausrollbar, wird dabei aber rissig
schluffiger Lehm	kaum sicht- und fühlbare körnige Bestandteile, viel Feinsubstanz, etwas mehlig	bindig, haftet, klebt und schmiert, gut formbar, wird beim Ausrollen rissig
toniger Lehm	sehr viel Feinsubstanz, nur einzelne Körner sicht- und fühlbar	bindig, schwach zähplastisch, haftet, klebt und schmiert, gut form- und ausrollbar, wird dabei kaum rissig
sandiger Ton	sehr viel Feinsubstanz, wenig gröbere Bestandteile sicht- und fühlbar	bindig und zähplastisch, haftet, klebt und schmiert, gut form- und ausrollbar, wird dabei jedoch etwas rissig
lehmiger (= schluffiger) Ton	Körner kaum sicht- und fühlbar, etwas samtartig, etwas mehlig	bindig und zähplastisch, haftet, klebt und schmiert, gut form- und ausrollbar, schwach glänzende Reibflächen
Ton	keine Körner sicht- und fühlbar, Oberfläche glatt	bindig und stark zähplastisch, klebt und schmiert, sehr gut form- und ausrollbar, glänzende Reibflächen

Als Symbole für die Horizonte werden die allgemein anerkannten Bezeichnungen verwendet, wie sie bereits beschrieben wurden (s. Seite 31 ff.). Allein die Horizontfolge erlaubt jedoch oft noch nicht den Schluß auf einen bestimmten Bodentyp, für den noch einige weitere Merkmale berücksichtigt werden müssen. Ein Vergleich mit den im Kapitel „Ein Führer durch unsere Bodentypen" (s. Seite 36 ff.) charakterisierten häufigsten Typen läßt aber schon jetzt eine begründete Vorauswahl zu.

Fingerspitzengefühl ist gefragt

Die Bodenart im Gelände zu bestimmen, braucht nur etwas Fingerspitzengefühl. Dazu nehme man eine feuchte Bodenprobe – und zwar getrennt für jeden einzelnen Horizont – zwischen die Fingerspitzen von Daumen und Zeigefinger und reibe sie gegeneinander.

Die Tabelle informiert über die wichtigsten Kennzeichen der vier Hauptbodenarten Sand-, Schluff-, Lehm- und Tonböden sowie ihre weitere Unterteilung. Erinnert sei bezüglich ihres Gehaltes an den drei Kornfraktionen an das Bodenartendreieck (s. Seite 17). Das Bodenskelett – also alle mineralischen Bestandteile, die größer als die maximal 2 mm messenden Sandkörner sind – bleibt dabei unberücksichtigt und wird getrennt vermerkt (z. B. 50 % Gehalt an Skelett in Form von Kies).

Weitere Einträge im Notizbuch

Alle Beobachtungen und Ergebnisse sollten im Notizbuch sofort festgehalten werden, um sie auch mit anderen Profilen vergleichen zu können. Dazu zählen zunächst allgemeine Aussagen zur Lage und Umgebung des Profils einschließlich der Bodennutzung und der wichtigsten Pflanzenarten. Es schließen sich an die Horizontfolge und die jeweilige -mächtigkeit mit ihren Bodenarten, der Anteil von Bodenskelett, auffällige Färbungen des Profils, das Vorhandensein oder Fehlen von Kalk im Ausgangsgestein und in den einzelnen Horizonten, Art und Verwitterungsgrad des Gesteins sowie die Hangneigung und Exposition (Lage zur Himmelsrichtung).

Das Bodengefüge wird anhand der Beispiele auf Seite 57 bestimmt, und zwar (soweit möglich) getrennt für jeden einzelnen Horizont. Desgleichen gilt für die Humusform, die Aufschluß besonders über die biologische Aktivität in dem Boden gibt (s. Seite 64). Das Gefüge entscheidet neben der

Bodenart sehr wesentlich über Menge und Verteilung der verschiedenen Porengrößen und damit über den Luft- und Wasserhaushalt des untersuchten Bodens.
Weitere Merkmale, auf die es zu achten lohnt, sind Tonhäutchen auf Aggregatoberflächen und in Wurzel- und Regenwurmgängen, auffällige Tiergänge, das Ausmaß und die Tiefe der Durchwurzelung sowie der Umfang etwaiger Fleckenmuster.

Bestimmung chemischer Größen

Im Zusammenhang mit der Diskussion um den sauren Regen rückte der pH-Wert gerade der besonders stark belasteten Waldböden, deren Säuregrad innerhalb der letzten 35 Jahre um das 10- bis 20fache zunahm, in den Mittelpunkt des Interesses. Für seine Größenordnung ist zunächst einmal das Vorhandensein von Kalk im Bodenprofil und im Ausgangsgestein von Bedeutung.

Der Kalkgehalt

Der grobe Nachweis des Kalkgehaltes gelingt mit 10- bis 20%iger Salzsäure, von der wenige Tropfen auf eine Bodenprobe geträufelt werden: Starkes und anhaltendes Aufschäumen und Brausen durch Freiwerden von Kohlendioxid verrät einen starken Gehalt an Calciumcarbonat von 5 % und mehr. 3 bis 4 % lassen sich vermuten, wenn zwar ein deutliches, jedoch nur kurzes Aufbrausen zu beobachten ist; 0,5 bis 2 % als schwacher Kalkgehalt bei geringfügiger und bald erlöschender Reaktion. Verlaufen die Salzsäuretropfen wie Wasser, so liegt ein kalkfreies bis kalkarmes Substrat vor.

Der pH-Wert

Will man den pH-Wert und damit den Säuregrad eines Bodens bestimmen, so empfiehlt sich die Verwendung von sogenannten Indikatorstäbchen. Zunächst stellt man eine sogenannte Aufschlämmung her, indem 10 g an der Luft getrockneter Boden mit 30 ml destilliertem Wasser (in der Apotheke erhältlich) verrührt werden. Nun wird ein Teststäbchen in der auf der Packung angegebenen Dauer in die Flüssigkeit gehalten und nach Herausnehmen der Farbumschlag der Indikatorfläche beobachtet. Ein Vergleich mit der Standard-Farbskala ergibt einen groben Anhaltswert.
Wer eine größere Genauigkeit anstrebt, müßte sich ein pH-Meter besorgen, welches anhand einer Meßskala exaktere Bestimmungen erlaubt.

Als Richtwerte seien folgende genannt: Ein pH-Wert von 6,5 bis 7 kennzeichnet eine neutrale Bodenreaktion, höhere Werte eine alkalische. Ein pH von 5,5 charakterisiert schwach saure Verhältnisse. Unter pH 5 bis 4,5 wird es brenzlig: Die Freisetzung von Aluminiumionen beginnt, auf Garten- und Ackerland ist eine Kalkung unumgänglich, um noch gute Erträge zu erzielen.
Ein Waldboden kann auch bei einem pH von 5,5 noch als normal betrachtet werden. Lehm- und Tonböden bewegen sich in halbwegs gesundem Zustand zwischen den Werten 6 und 7,5; Sandböden zwischen 5,5 und 6,5. In Ausnahmefällen können aber selbst stark saure Werte natürlich entstanden sein: Im Hochmoor mißt man leicht einen pH-Wert von 2,5 bis 3.
Ähnlich den Teststäbchen für die pH-Bestimmung gibt es noch eine ganze Reihe anderer Schnelltests, die vor allem eine Einschätzung der Nährstoffversorgung von Böden erlauben. Zentrale Bedeutung nimmt der Stickstoffgehalt ein.

Der Nitratgehalt

Dazu werden 100 g lufttrockenen Bodens mit derselben Menge destillierten Wassers aufgeschlämmt, das Absetzen der größeren Bodenteilchen abgewartet und dann ein Nitrat-Teststäbchen eingetaucht. Anhand des Farbumschlages und einer Vergleichsskala läßt sich anschließend der Nitratgehalt und damit die Menge an Stickstoff ablesen.
Durch Wiederholen dieser Analyse in kurzen Abständen im Anschluß an eine Düngung und in verschiedenen Bodentiefen kann man sehr gut den Ablauf und Umfang der Nitrat-

Kopfsalat zählt zu den Gemüsearten, die das Nitrat aus organischer und anorganischer Düngung in ihren Blättern so stark anreichern können, daß es zu einer Gefahr für die menschliche Gesundheit wird. Im Körper können die Nitrate zu den krebsauslösenden Nitrosaminen umgewandelt werden. Ein Nitrattest im Gartenboden kann helfen, mögliche Gefahren von vorneherein auszuschalten.

Auswaschung im Boden verfolgen. Eindrucksvolle Ergebnisse zeigt der Vergleich zweier Testparzellen mit mineralischer und organischer Düngung (z.B. Kompost): Während die Nitratfront im ersten Fall innerhalb weniger Wochen im Bodenprofil nach unten und somit aus der durchwurzelten Zone wandert, bewirkt der Kompost zunächst zwar eine geringere, langfristig jedoch ausgeglichenere und anhaltendere Düngung ohne nennenswerte Auswaschung. Zu empfehlen ist für solche Untersuchungen die Verwendung eines Bohrstocks, um die Bodenproben zu gewinnen.

Teststäbchen oder Reagenzien stehen daneben für die Analyse des Gehaltes an Phosphat, Calcium, Magnesium, Nitrit, Ammonium, Eisen, Aluminium und anderen zur Verfügung. Strebt man keine allzuhohe Genauigkeit an, so reichen die üblichen Umwelt-Testsets in aller Regel aus. Bezugsquellen sind am Ende des Buches genannt.

Indikatoren für den Bodenzustand

Wer botanische Grundkenntnisse besitzt, muß nicht unbedingt chemische Analysen durchführen, will er Aussagen zum Bodenzustand machen: Die nicht angepflanzten, sondern sich eigenständig ansiedelnden Arten – in vielen Fällen als „Unkräuter“ verpönt und bekämpft – kennzeichnen als Bioindikatoren wichtige Umweltbedingungen wie die Versorgung mit Feuchtigkeit, Kalk, Säure, Stickstoff und anderen Nährstoffen.

Geeignet als solche Zeigerpflanzen sind aber nicht die euryöken Arten (ohne enge Umweltansprüche) wie beispielsweise der Rotklee *(Trifolium pratense)*, die nahezu jeden

Einfache Ökotests erlauben die größenordnungsmäßige Bestimmung wichtiger oder gefährlicher Elemente und Verbindungen im Boden. Sie besitzen zwar nicht die Genauigkeit exakter Laboruntersuchungen, können aber zuverlässige Anhaltspunkte geben.

Die Besenheide *(Calluna vulgaris)* kennzeichnet saure und nährstoffarme Standorte. Zudem ist sie eine ausgesprochene Lichtpflanze, die bei stärkerem Beschatten durch Bäume kümmert bzw. eingeht.

Wiesenstandort unabhängig von seiner Feuchte und seinem Nährwert besiedeln. Aussagekräftiger sind die Vorkommen von stenöken Arten, die spezifische Ansprüche an ihren Lebensraum haben und nur innerhalb einer engeren Bandbreite von Umweltbedingungen leben können. Beispiel sind die Besenheide *(Calluna vulgaris)* und die Glockenheide *(Erica tetralix)*: Die häufigere Besenheide gedeiht bestandsbildend – wie in der Lüneburger Heide – nur auf stickstoffärmsten und stark sauren Böden mit ausgeprägter Trockenheit. Fast ebenso sauer mag es die Glockenheide mit ihren rosafarbenen Blüten; sie bevorzugt aber feuchten bis nassen Boden.

Der Göttinger Ökologe und Botaniker Prof. Heinz Ellenberg stellte eine umfassende Liste der Zeigerwerte der mitteleuropäischen Pflanzen in bezug auf Licht, Temperatur, Kontinentalität, Feuchte, Reaktion und Stickstoffgehalt des Bodens zusammen. Dabei sind die drei letzten Angaben für den Bodenkundler die wichtigeren. Die angegebenen Werte sind jedoch weniger ein Ausdruck persönlicher Vorlieben der Arten, sondern vielmehr das Ergebnis ökologischer Wechselwirkungen in Form von Konkurrenz um Licht, Nährstoffe und andere Faktoren zwischen den Pflanzen.

Die Heidelbeere *(Vaccinium myrtillus)* – hier ein blühender Strauch – verheißt bei größerem Vorkommen nichts Gutes: Der Boden ist stärker versauert, wie es oft unter Fichtenwäldern der Fall ist.

Wichtige Zeigerpflanzen

Die Tabelle gibt einen Überblick über wichtige Zeigerpflanzen in Garten, Feld und Wiese. Als typische Stickstoffzeiger sollte man sich Brennessel *(Urtica dioica)*, Weiße Taubnessel *(Lamium album)* und Kleblabkraut *(Galium aparine)* merken, als Trockenheits-Zeiger Sonnenröschen *(Helianthemum*

Zeigerpflanzen in Garten, Feld und Wiese

Feuchtigkeit des Bodens

trocken:
Sommer-Adonisröschen *(Adonis aestivalis)*
Skabiosen-Flockenblume *(Centaurea scabiosa)*
Gemeines Sonnenröschen *(Helianthemum nummularium)*
Knolliger Hahnenfuß *(Ranunculus bulbosus)*
Kleiner Wiesenknopf *(Sanguisorba minor)*

frisch:
Kriechender Günsel *(Ajuga reptans)*
Gemeiner Frauenmantel *(Alchemilla vulgaris)*
Knoblauchsrauke *(Alliaria petiolata)*
Gemeiner Beifuß *(Artemisia vulgaris)*
Wiesen-Glockenblume *(Campanula patula)*
Echte Kratzdistel *(Cirsium vulgare)*
Knäuelgras *(Dactylis glomerata)*
Acker-Schachtelhalm *(Equisetum arvense)*
Weißes Labkraut *(Galium album)*
Weiße Taubnessel *(Lamium album)*
Rote Taubnessel *(Lamium purpureum)*
Echte Kamille *(Matricaria chamomilla)*
Acker-Vergißmeinnicht *(Myosotis arvense)*
Klatschmohn *(Papaver rhoeas)*
Einjähriges Rispengras *(Poa annua)*
Hirtentäschelkraut *(Capsella bursa-pastoris)*
Große Brennessel *(Urtica dioica)*
Acker-Ehrenpreis *(Veronica arvense)*
Faden-Ehrenpreis *(Veronica filiformis)*
Persischer Ehrenpreis *(Veronica persica)*
Vogelwicke *(Vicia cracca)*
Zaunwicke *(Vicia sepium)*

feucht:
Wiesenschaumkraut *(Cardamine pratensis)*
Großes Springkraut *(Impatiens noli-tangere)*
Scharbockskraut *(Ranunculus ficaria)*
Kriechender Hahnenfuß *(Ranunculus repens)*
Großer Wiesenknopf *(Sanguisorba officinalis)*

Säuregrad des Bodens

sauer:
Acker-Hundskamille *(Anthemis arvensis)*
Kleiner Sauerampfer *(Rumex acetosella)*
Acker-Spörgel *(Spergula arvensis)*

mäßig sauer:
Echte Kamille *(Matricaria chamomilla)*
Faden-Ehrenpreis *(Veronica filiformis)*
Efeublättriger Ehrenpreis *(Veronica hederifolia)*

basen- und kalkhaltig:
Sommer-Adonisröschen *(Adonis aestivalis)*
Skabiosen-Flockenblume *(Centaurea scabiosa)*
Deutscher Enzian *(Gentiana germanica)*
Wiesen-Storchschnabel *(Geranium pratense)*
Kleiner Wiesenknopf *(Sanguisorba minor)*
Tauben-Skabiose *(Scabiosa columbaria)*
Huflattich *(Tussilago farfara)*

Stickstoff- bzw. Nährstoffgehalt des Bodens

stickstoffarm:
Rundblättrige Glockenblume *(Campanula rotundifolia)*
Skabiosen-Flockenblume *(Centaurea scabiosa)*
Acker-Schachtelhalm *(Equisetum arvense)*
Echtes Labkraut *(Galium verum)*
Deutscher Enzian *(Gentiana germanica)*
Gemeines Sonnenröschen *(Helianthemum nummularium)*
Kleines Habichtskraut *(Hieracium pilosella)*
Wiesen-Knautie *(Knautia arvensis)*
Knolliger Hahnenfuß *(Ranunculus bulbosus)*
Kleiner Sauerampfer *(Rumex acetosella)*
Kleiner Wiesenknopf *(Sanguisorba minor)*
Großer Wiesenknopf *(Sanguisorba officinalis)*
Körner-Steinbrech *(Saxifraga granulata)*
Tauben-Skabiose *(Scabiosa columbaria)*
Margerite *(Chrysanthemum leucanthemum)*

mäßig stickstoffreich:
Schafgarbe *(Achillea millefolium)*
Kriechender Günsel *(Ajuga reptans)*
Gemeiner Frauenmantel *(Alchemilla vulgaris)*
Acker-Hundskamille *(Anthemis arvensis)*
Gänseblümchen *(Bellis perennis)*
Hirtentäschelkraut *(Capsella bursa-pastoris)*
Weißer Gänsefuß *(Chenopodium album)*
Acker-Kratzdistel *(Cirsium arvense)*
Wiesen-Pippau *(Crepis biennis)*
Knäuelgras *(Dactylis glomerata)*
Ruprechtskraut *(Geranium robertianum)*
Großes Springkraut *(Impatiens noli-tangere)*
Echte Kamille *(Matricaria chamomilla)*
Klatschmohn *(Papaver rhoeas)*
Scharbockskraut *(Ranunculus ficaria)*
Großer Sauerampfer *(Rumex acetosa)*
Gemeiner Löwenzahn *(Taraxacum officinale)*
Huflattich *(Tussilago farfara)*
Zaunwicke *(Vicia sepium)*

stickstoffreich:
Knoblauchsrauke *(Alliaria petiolata)*
Gemeiner Beifuß *(Artemisia vulgaris)*
Echte Kratzdistel *(Cirsium vulgare)*
Kleblabkraut *(Galium aparine)*
Weiße Taubnessel *(Lamium album)*
Rote Lichtnelke *(Melandrium rubrum)*
Einjähriges Rispengras *(Poa annua)*
Stumpfblättriger Ampfer *(Rumex obstetifolius)*
Große Brennessel *(Urtica dioica)*

Links:
Auf Kalk bzw. Basen im Boden weist der Seidelbast *(Daphne mezereum)* hin, der zudem gerne auf Braunerden mit Mull als Humusform wächst.

Rechts:
Mittleren Nährstoffgehalt auf Äckern und im Garten signalisiert die Echte Kamille *(Matricaria chamomilla)*, die zugleich mäßige Feuchtigkeit und mäßige Säure bevorzugt.

Der Huflattich *(Tussilago farfara)* gilt als Stickstoff- bzw. Nährstoffzeiger und kommt vorzugsweise auf schweren und feuchten Böden vor. Mit seinen bis in 1 m Tiefe reichenden Wurzeln tritt er oft als Pionierpflanze auf offenliegenden Böden auf, die er mit seinen Wurzeln in gewissem Maße zu festigen vermag.

nummularium), Kleiner Wiesenknopf *(Sanguisorba minor)* und Knolliger Hahnenfuß *(Ranunculus bulbosus)*, als Säurezeiger Kleiner Sauerampfer *(Rumex acetosella)*, Acker-Hundskamille *(Anthemis arvensis)* und Echte Kamille *(Matricaria chamomilla)*.
Sich auf eine Pflanzenart alleine zu verlassen, erscheint meist als etwas unsicher; das Vorkommen mehrerer, in die gleiche Richtung weisender Arten gilt als untrüglicher Beweis.

Bodenorganismen beobachten

Besonders auf und nahe unter der Oberfläche streu- und humusreicher Waldböden findet sich ein reiches Bodenleben: Einmal in Ruhe betrachtet tut sich zwischen den in Abbau befindlichen Blattresten schon mit bloßem Auge und

ohne optische Hilfsmittel eine erstaunliche Vielfalt an Bodenlebewesen auf: Spinnen, Schnecken, Laufkäfer, Hundert- und Tausendfüßer, Springschwänze und die verschiedensten Insektenlarven.
Wer noch nicht genug entdeckt, sollte etwas Streu, Humus oder Mineralboden auf eine weiße Unterlage (ein Tuch oder einen alten Teller) geben und vorsichtig durchsuchen – die Tiere machen durch ihre Fluchtreaktion auf sich aufmerksam, weil sie dem Licht auszuweichen versuchen.
Eine andere Möglichkeit des Fangs stellen in den Boden ebenerdig eingegrabene glattwandige Becher oder Gläser dar. Um die Tiere nicht zu sehr zu beinträchtigen, sollte man ihnen am Boden Versteckmöglichkeiten in Form von feuchten Blättern anbieten. Ein nasser Fetzen eines Papiertaschentuchs bewahrt die notwendige Feuchte über einige Zeit.

Die „Sammelwut" bremsen

Die unter Zoologen verbreitete „Sammelwut" von in Fallen gefangenen Kleintieren, die sofort in eine tödliche Alkohollösung fallen, sollte man als ernstzunehmender Naturschützer vermeiden. Gerade unter den Bodentieren finden sich zunehmend viele Seltenheiten, deren geschrumpfte Bestände weitere Ausfälle nicht verkraften. Zur Dokumentation der Fänge genügen vielfach auch Fotos.
Zur Bestimmung der Tiere reicht das menschliche Auge allein oft nicht aus: Hilfreich erweist sich immer eine einfache Lupe. Höhere Ansprüche befriedigt eine Stereolupe oder – geht es um die Mikroorganismen – ein gutes Mikroskop.

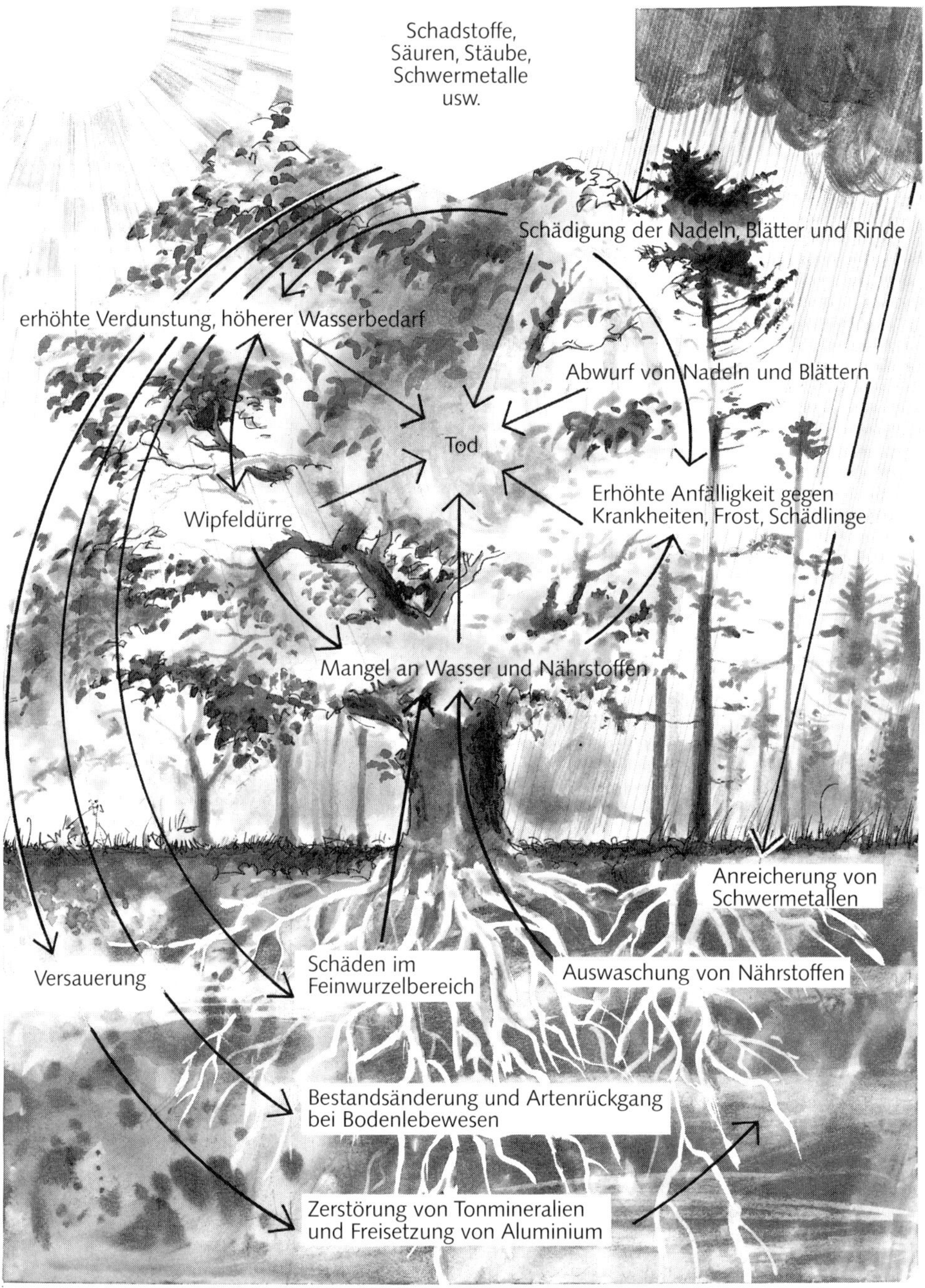

Der Boden stirbt als Giftdeponie

Der Boden stirbt als Giftdeponie

Spätestens der saure Regen und das Waldsterben machten auch der breiten Bevölkerung klar, daß die Fabrikschlote, die häuslichen Schornsteine und die Auspuffrohre unserer Autos als Giftschleudern für die Umwelt nicht ohne Folgen bleiben. Der Dreck in Luft und Wasser wird zunächst zwar forttransportiert und verdünnt, im Boden jedoch angereichert.
Gelangen Schadstoffe in den Boden, so werden sie dort zum allergrößten Teil festgehalten, irgendwann aber – was noch schlimmere Folgen hat – in das Grundwasser ausgewaschen. Viele der Schadstoffe sind extrem langlebige Verbindungen, die sich im Boden zu immer höheren Konzentrationen anreichern; eine Verdünnung findet nicht statt.

Schadstoffe reichern sich an

Im Boden tickt eine gefährliche Zeitbombe. Denn die Gifte konzentrieren sich nicht nur, sondern zeigen dadurch auch zunehmende Einwirkungen auf die Pflanzen, Tiere und schließlich über die Ernährung auch auf den Menschen. Die verschiedenen Gifte und ihre Folgen beeinflussen sich in vielfältiger Form gegenseitig, so daß mit noch kaum absehbaren Konsequenzen zu rechnen ist.
Ein Beispiel ist das Leichtmetall Aluminium, das bislang in Verbindungen mit Humusbestandteilen fest und ungefährlich gebunden wurde. Als Folge des sauren Regens und der Versauerung der Böden wird es nun in vielen Böden in hohen und hochgiftigen Konzentrationen freigesetzt.
Industrie und Gewerbe, Landwirtschaft, private Haushalte und der Verkehr sind die wichtigsten Quellen der Umweltgifte. Durch direkten Eintrag oder über einen mehr oder weniger fernen Transport gelangen sie per Luft oder Wasser in die Böden.
Zu unterscheiden sind anorganische Schadstoffe – vor allem Schwermetalle, Säuren, Salze und radioaktive Stoffe – und organische Schadstoffe aus der Industrie, die weltweit heute mehr als 30 000 Chemikalien herstellt, von denen der größte Teil zu den organischen Verbindungen zu rechnen ist.

Seite 86:
Die Luftverschmutzung zeigt mannigfaltige Auswirkungen auf Pflanzen und Boden, deren Folgen am Waldsterben sichtbar werden. Die Zeichnung gibt einen stark vereinfachten Überblick über die wichtigsten Prozesse und Schäden.

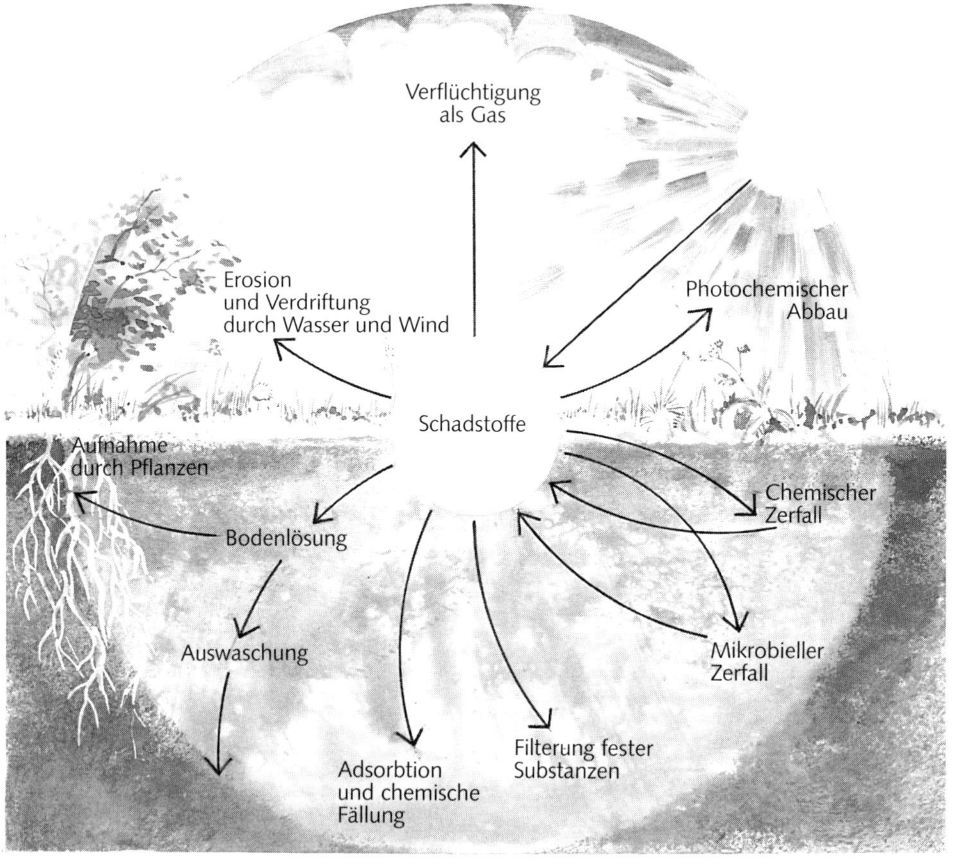

Grundsätzlich sind die Böden am stärksten vergiftet innerhalb von Städten und Industriegebieten sowie in einem 3 km breiten Radius ringsherum, aber auch auf einem beiderseits 50 bis 100 m breiten Streifen entlang der vielbefahrenen Straßen und Autobahnen. Damit liegen unter Ausklammerung der anderweitig genutzten Böden allein 7 % der bundesdeutschen Äcker innerhalb von Gefahrenzonen.

Das Problem der Grenzwerte

Natürlich existiert eine Vielzahl von gesetzlichen Grenzwerten für die maximal zulässigen Höchstmengen bestimmter Schadstoffe in Böden, Luft und Trinkwasser, Tierfutter und menschlichen Nahrungsmitteln. Das Problem liegt darin, daß die meisten anorganischen Schadstoffe in minimalen Men-

In den Boden gelangte Schadstoffe sind nicht verschwunden: Über oft noch gar nicht bekannte Zwischenstufen werden sie umgesetzt und verändert. Sie zerfallen in ihre Grundbausteine, werden an Tonminerale oder Huminstoffe angelagert, mit der Bodenlösung ins Grundwasser ausgewaschen oder von Pflanzen aufgenommen; sie können sich als Gas in die Atmosphäre verflüchtigen oder mit Wind und Wasser verdriftet werden. Im allgemeinen erfolgt jedoch eine mit der Zeit gefährliche Anreicherung der Schadstoffe im Boden.

gen auch von Natur aus in den Böden vorhanden sind. Bestimmte Gesteine bewirken bei ihrer Verwitterung das Freisetzen von höheren Giftkonzentrationen, die sich dann wiederum in manchen Pflanzen oder zum Beispiel in Pilzen ungewöhnlich stark anreichern. Auf diese Weise können in Einzelfällen Höchstmengenverordnungen selbst ohne industrielle Belastungen überschritten werden.
Das erlaubt allerdings nicht den Umkehrschluß, daß die zugelassenen Höchstmengen ungefährlich und somit zu niedrig angesetzt seien. Das Gegenteil ist der Fall, denn sie werden in der Regel im Tierversuch ermittelt und unter Berücksichtigung eines Sicherheitsfaktors auf die menschliche Ernährung übertragen. Damit müssen solche Werte als sehr vage gelten, zumal sie sich niemals auf das Zusammenwirken mehrerer Schadstoffe, sondern immer nur auf einen einzigen isolierten Giftstoff beziehen.

Folgen des sauren Regens

Das Waldsterben ist nur die Spitze des Eisberges: Der saure Regen bewirkt derart komplexe Veränderungen und Schäden in der Umwelt, daß sie sich kaum noch überblicken lassen. Das Sterben der Bäume wird bei der gegenwärtigen Entwicklung nicht nur auf andere Pflanzen übergreifen, sondern verursacht schon heute eine drastische Schädigung der Böden, die wiederum zahlreiche Folgewirkungen nicht zuletzt auf den Menschen zeigt.
Verantwortlich für das Entstehen des sauren Regens sind vor allem das Schwefeldioxid (SO_2) und die Stickoxide (NO_x), die im ersten Fall überwiegend aus den Abgasen der Kraftwerke und Fernheizwerke, im zweiten vom Autoverkehr stammen. Weitere Quellen dieser Schadstoffe sind Industrie, Kleinbetriebe und Haushalte. Sie entstehen bei der Verfeuerung der fossilen Brennstoffe Kohle, Öl und Gas.
In der Atmosphäre wandeln sie sich mit Wasser zu starken Säuren um wie Schwefelsäure (H_2SO_4), schwefeliger Säure (H_2SO_3), Salpetersäure (HNO_3), salpetriger Säure (HNO_2), Flußsäure (HF) und Salzsäure (HCl). Mit dem Regen gelangen diese Säuren in den Boden und bewirken bei längerem Einwirken die Freisetzung von basischen Bodenbestandteilen und Pflanzennährelementen wie Calcium, Magnesium, Kalium und Natrium. Auf diese Weise können die Säuren im Boden zunächst neutralisiert werden, so daß der pH-Wert noch stabil bleibt.

Oben links:
Eine schüttere Benadelung und die als „Lametta-Effekt" bezeichnete Erscheinung schlaff von den Hauptästen herabhängender Seitenzweige kennzeichnen den Beginn des Sterbens der Fichten. Mit dem Waldsterben einhergehen jedoch auch tiefgreifende Veränderungen in den Böden.

Oben rechts:
Bei der Buche und anderen Laubbäumen äußern sich die Folgen des Waldsterbens in Form von Blattverlusten, der Bildung kleinerer Blätter und des Entstehens sogenannter Peitschentriebe, wobei ein gestörtes Wachstum unnatürlich lange Seitentriebe entstehen läßt. Im Boden bewirkt die Versauerung unter anderem das Freisetzen von giftigen Schwermetallionen und das Auswaschen von Calcium, Magnesium und anderen wichtigen Pflanzennährstoffen.

Unten links:
Die Jahresringe einer Tannenbaumscheibe, die durch die Bildung großer Zellen im Frühjahr und kleinerer im Herbst entstehen, signalisieren deutliche Vorboten des Waldsterbens: Schon seit 10 Jahren zeigte diese Tanne ein drastisch verringertes Wachstum. Die äußeren (jüngsten) Jahresringe liegen viel enger zusammen als in der Vergangenheit.

Unten rechts:
Großflächige Kalkung des Waldbodens kann die saure Reaktion des überforderten Puffersystems Boden kurzfristig abschwächen. Über die Folgen auf die Böden und das Bodenleben weiß man indes noch sehr wenig.

Der Boden schluckt nicht alles

Mit dem zunehmenden Verlust der Basen im Boden und dem fortwährenden Säureeintrag ist eine Versauerung jedoch nicht mehr aufzuhalten. Sie verstärkt sich durch das Mitwirken der Bäume und der Pflanzen: Laub- und noch stärker die ganzjährig benadelten Nadelbäume filtern die Schadstoffe mit ihren Wipfeln regelrecht heraus. An den Blättern und Nadeln bewirken die Säuren bisweilen Verätzungen und bleibende Schäden, bevor sie zu Boden tropfen oder den Stamm hinablaufen. Folglich ist der Säureeintrag in den Waldboden unter den Kronen – man spricht von der Kronentraufe – und noch stärker im unmittelbaren Stammfußbereich extrem hoch.

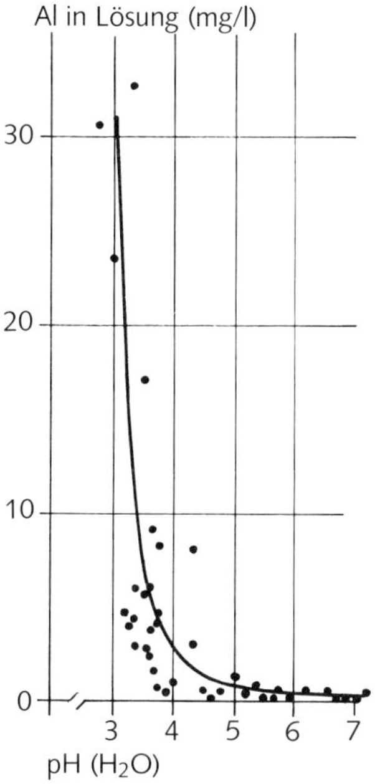

Bei einem (im Wasser gemessenen) pH-Wert, der unter 4,5 absinkt, beginnt die massive Freisetzung von Aluminiumionen, die zuvor unschädlich im Boden gebunden waren. In Lösung geraten, stellen sie jedoch ein schlimmes Gift für Pflanzen und Tiere dar.

Schadstoffe werden frei

Sinkt der pH-Wert durch die Versauerung im Boden unter den Wert 4,5, so werden verstärkt zuvor fest gebundene Ionen des Metalls Aluminium freigesetzt, ebenso Schwermetalle, auf die im folgenden Abschnitt eingegangen wird. Gerade das Aluminium wirkt auf Pflanzen und Mikroorganismen sehr giftig und beeinträchtigt beispielsweise das Wurzelwachstum.

Die Auswirkungen, wie sie das Bodenschutzprogramm der Bundesregierung zusammenfaßt, sind mannigfaltig:

- Die Zufuhr von Stickstoffverbindungen verändert das Nährstoffangebot in den Böden und somit das Artenspektrum bei den Pflanzen.
- Wichtige Nährstoffe wie Calcium, Magnesium, Kalium und Natrium sind nicht mehr in der für die Pflanzen notwendigen Menge verfügbar.
- Die freigesetzten Aluminiumionen wirken sich giftig auf die Pflanzen und das Leben in Gewässern aus, Cadmium-, Mangan- und Eisenionen in höheren Konzentrationen auch auf Tiere.
- Die Schädigung von Mikroorganismen im Boden beeinträchtigt sowohl direkt die Vegetation als auch die Stoffumsetzung im Boden, besonders bei der Zersetzung toter organischer Substanz.
- Die für die Bodenfruchtbarkeit wichtigen Tonminerale werden teilweise zerstört.
- Die Struktur des Bodens wird infolge von Prozessen der Verlagerung und Auswaschung durch Abnahme des Porenvolumens verfestigt.

Blei, Cadmium und „Konsorten"

An Schwermetallen reiche Böden fallen dem kundigen Botaniker durch ihre besonderen Pflanzengesellschaften auf. Besonders ältere Schlackenhalden des Erzbergbaus und andere Industrieflächen tragen eine Hallers Grasnelkenflur oder eine Zinkveilchenflur. Deren charakteristische Pflanzenarten sind Hallers und Galmei-Grasnelke *(Armeria maritima* ssp. *halleri* bzw. ssp. *elongata)*, Frühlingsmiere *(Minuartia verna)*, Galmei-Taubenkropf *(Silene vulgaris* ssp. *humilis)*, Hallers Gänsekresse *(Cardaminopsis halleri)*, Galmei- oder Zinkveilchen *(Viola tricolor* ssp. *calaminaria)* und Galmei-Täschelkraut *(Thlaspi alpestre* ssp. *calaminare)*. Zumeist sind das seltene Unterarten gewöhnlicher Pflanzen.

Das Vorkommen einer solchen Vegetation ist ein Zeichen für

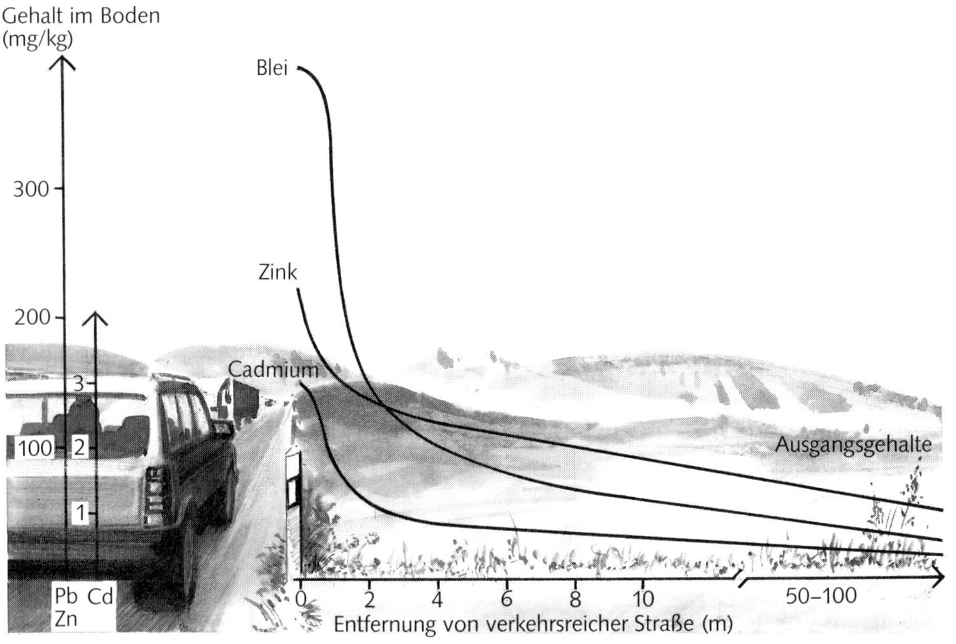

einen extrem schwermetallverseuchten Boden. Gefährlich für die Umwelt sind jedoch auch erhöhte Konzentrationen von Blei, Cadmium, Zink, Quecksilber und „Konsorten", die sich in der Pflanzenbedeckung noch nicht auswirken. Denn alle Schwermetalle zählen zu den sogenannten persistenten Verbindungen, die sich im Boden stark anreichern können.

Auf den Seitenstreifen vielbefahrener Straßen reichern sich Schwermetalle stark im Boden an. Die Zeichnung zeigt die Gehalte von Blei, Zink und Cadmium in den obersten 2 cm des Bodens, deren Ausgangsgehalte erst in 50 bis 100 m Entfernung wieder erreicht werden.

Persitente Verbindungen
Die Persistenz bezeichnet die Beständigkeit chemischer Verbindungen, vor allem von Pestiziden, in der Umwelt. Nicht persistente Verbindungen werden innerhalb weniger Tage in der Umwelt abgebaut, besonders persistente (langlebige) wie die chlorierten Kohlenwasserstoffe dagegen erst nach vielen Jahren. Gemessen wird die Persistenz anhand der biologischen Halbwertzeit, der Zeitspanne, in der die Hälfte des Stoffes zerfallen ist.

Blei

Es belastet durch die Emissionen aus dem Verkehr – manche Autofahrer tanken immer noch bleihaltiges Benzin – vor allem die Böden der Ränder stark befahrener Straßen, und zwar bis in Entfernungen von 30 bis 100 und mehr Metern.

Die Industrie ist für einen großen Teil der immensen Bodenbelastung mit Schadstoffen verantwortlich zu machen. Immer größere Giftmengen landen über die Acker- und Gartenböden wieder auf dem Tisch des Menschen.

Die alljährlichen Hochwässer der Flüsse bedeuten einen massiven Eintrag organischer und anorganischer Schadstoffe in die landwirtschaftlich genutzten Böden. Hier wird deutlich, welche gravierenden Folgen die Gewässerverschmutzung, die viele Flüsse zu sterilen Abwasserkanälen hat verkommen lassen, sehr direkt auch auf die menschliche Ernährung haben kann.

Erhöhte Bleigehalte finden sich ferner in der Umgebung von erzverhüttender und bleiverarbeitender Industrie, in Klärschlamm und in Auenböden, wenn bleibelastetes Überschwemmungswasser seine giftige Fracht ablädt.
Im Boden wird das Blei recht fest gebunden. Erst wenn der pH-Wert eines Bodens unter 4 bis 5 sinkt, kann es wieder gelöst, mit dem Wasser verlagert oder auch von Pflanzen aufgenommen werden. Dennoch überwiegt in aller Regel gegenüber der von der Pflanze aufgenommenen Menge das aus der Luft auf der Pflanzenoberfläche abgelagerte Blei. Gründliches Waschen von Gemüse vor dem Verzehr kann deshalb den Bleigehalt der Nahrung durchaus reduzieren.
Im Boden kann das Blei bei stärkerer Anreicherung Schäden an Wurzeln und oberirdischen Teilen der Pflanzen sowie eine

Hemmung der Tätigkeit von Mikroorganismen bewirken. Vom Menschen und von Tieren aufgenommenes Blei sammelt sich in Knochen und Zähnen, Leber und Nieren an, wo es Langzeitschäden verursachen kann.

Cadmium

Noch viel giftiger als das Blei verhält sich schon in geringsten Mengen das Cadmium. Die wichtigsten Quellen sind Luftverunreinigungen durch Abgase und Stäube der metallverarbeitenden Industrie, von Feuerungs- und Müllverbrennungsanlagen, ferner Autoabgase, Phosphatdünger in der Landwirtschaft, Abwässer und zur Düngung auf den Äckern ausgebrachter Klärschlamm.
Mit Cadmium verseuchte Reisböden waren ein wichtiger Auslöser der zunächst rätselhaften Itai-Itai-Krankheit in Japan, die zahlreiche Menschenleben forderte. Dort wurden bis zu 53 mg Cadmium pro kg Boden festgestellt, in vergifteten Auenböden der Oker im Harzvorland als Folge jahrhundertelangen Erzbergbaus sogar der extreme Spitzenwert von 200 mg/kg.
Im Boden wird das Cadmium an Oberflächen angelagert und im Laufe der Zeit zunehmend auch in Oxide und Tonminerale eingebaut. Wie beim Blei gerät auch das Cadmium in sauren Böden, und zwar unterhalb des pH-Wertes von 6, zunehmend in Lösung – auch hier liegt eine große Gefahr. Eine Kalkung von verseuchten Böden kann deshalb den Gehalt an Cadmium in Nutzpflanzen senken.
Erhöhte Cadmiumgehalte rufen bei Pflanzen wie bei Mikroorganismen Schäden hervor. Beim Menschen kann das Schwermetall Funktionsstörungen der Nieren, Bluthochdruck, Knochendeformation und möglicherweise auch Krebs auslösen.

Zink

In minimalen Mengen muß Zink in jedem Boden von Natur aus vorhanden sein, denn es gilt als ein für Pflanzen, Tiere und Menschen unersetzbares Spurenelement. In größeren Mengen wirkt es jedoch genauso giftig wie andere Schwermetalle. Es gelangt vor allem durch den Erzbergbau und die erz- und metallverarbeitende Industrie – dort dient es als Korrosionsschutz bei verzinkten Eisen- und Stahlprodukten – in die Umwelt.
Weitere gefährliche Schwermetalle sind Quecksilber, Nickel, Kupfer und Cobalt; vielfach treten sie gemeinsam auf.

Organische Chemikalien im Boden

Der Nebel des Unbekannten ist dicht, wenn man die große Zahl organischer Chemikalien mit ihrem Verhalten und ihrer Gefährlichkeit im Boden betrachtet. Während die chemischen Spritzmittel – auf die im folgenden Kapitel „Übeltäter Land- und Forstwirtschaft" eingegangen wird – noch relativ gut untersucht sind, ist über die Folgen der übrigen Chemikalien in den Böden noch kaum etwas bekannt.

Als in den Böden heute am weitesten verbreitet gelten folgende Gruppen von Chemikalien:

- Chlorierte Kohlenwasserstoffe (CKW) gelangen auf dem Weg von Herstellung bis zur Deponie bzw. Müllverbrennung in Form von Lösemitteln, Kunststoffen, Bioziden und Pharmaka in die Umwelt.
- Polycyclische aromatische Kohlenwasserstoffe (PAK) stammen aus Autoabgasen (Anlagerung an Rußpartikel aus Diesel-Fahrzeugen), Heizungsanlagen der Haushalte und allgemein der Verfeuerung fossiler Brennstoffe.
- Polychlorierte Biphenyle (PCB) finden für Transformatoren, Kondensatoren und Hydrauliköl Verwendung (in der Bundesrepublik seit 1976 nur noch in geschlossenen Systemen), aber auch als Weichmacher in PVC und anderen Kunststoffen, in Spezialpapieren und Druckfarben. PCB gelangen in erster Linie per Müllverbrennung in die Umwelt. Erhöhte PCB-Gehalte sind vor allem in den Auenböden mit regelmäßiger Überschwemmung feststellbar. Im Boden werden PCB überwiegend an organische Bestandteile gebunden, aber auch von Pflanzen aufgenommen, deren Wachstum sie mindern.

Der größte Teil der mannigfachen organischen Verbindungen und ihre oft noch giftigeren Abbauprodukte besitzt negative Auswirkungen auf das Bodenleben und Pflanzenwachstum, genauso aber auch auf höhere Tiere und den Menschen. Viele gelten als erbschädigend und krebsauslösend bzw. -fördernd. Hinzu kommt ihre Langlebigkeit: Ein in die Landschaft oder auf die Mülldeponie geworfener Joghurtbecher aus Kunststoff etwa wird noch in 10 000 Jahren nahezu unverändert erhalten sein.

Altlasten, Klärschlamm und Streusalz

Auch im Müll von gestern tickt eine Zeitbombe ungeahnten Ausmaßes. Wilde Mülldeponien in der Landschaft, kommunale und gewerbliche Halden sowie Industrieanlagen dienten früher der unkontrollierten Ablagerung jeglicher Abfälle. Heute weiß vielfach niemand mehr, wo solche Altlasten –

längst zugeschüttet und von Bäumen bewachsen oder sogar beackert – überhaupt liegen, geschweige denn, was dort alles an Gefahren lauert. Der Weg der unterschiedlichsten Giftstoffe in Böden, Pflanzen, Grund- und Trinkwasser, Tiere und als Endverbraucher auch in den Menschen liegt nahe, besonders wenn der Zahn der Zeit an den Materialien und Fässern nagt, in denen die Giftstoffe lagern.
Ähnliches gilt für die Klärschlämme, die zur Düngung der Felder ausgefahren werden. Besonders angereichert sind darin zumeist Schwermetalle, aber auch polychlorierte Biphenyle und polyzyklische aromatische Kohlenwasserstoffe. In der Bundesrepublik werden die Gehalte an Schwermetallen nach der Klärschlammverordnung überwacht, die anderen Giftstoffe jedoch nicht.
Ein weiteres Problem in den Böden stellt das Salz dar, das im Winter auf den Straßen als Auftaumittel gestreut wird. Entlang mancher Straßenränder wird sogar eine so hohe Salzkonzentration erreicht, daß sich typische Salzpflanzen ansiedeln, die sonst nur an der Meeresküste und an Salzquellen gedeihen.
Im Boden verringern sich durch die Auftausalze – besonders im Anschluß an die Frostperiode – das Porenvolumen, Sauerstoffgehalt, die Durchwurzelbarkeit und das Wurzelwachstum, sie hemmen die Funktion der Pflanzenwurzeln, beeinträchtigen den Gasaustausch und die Wasserleitfähigkeit des Substrats. Weitere Folgen sind wesentliche Veränderungen im Artenspektrum und in der Zahl der Mikroorganismen.
Hinzu kommen deutliche Schäden besonders an den Straßenbäumen, die Blattverfärbungen, verringertes Wachstum, vorzeitigen Laubfall und Wipfeldürre zeigen. Schließlich sterben die Bäume ganz ab, weil sich durch die hohe Salzkonzentration im Boden der Wasserstrom umkehrt und die Wurzeln somit kein Wasser mehr aufnehmen können.

Übeltäter Land- und Forstwirtschaft

Die heutige Landwirtschaft kann sich nicht mehr als der große Naturschützer darstellen. Bodenerosion auf den kahlen, großflächigen Äckern durch Wasser und Wind, Dünger- und Biozidreste im Boden und im Oberflächen- und Grundwasser, noch immer nicht der Vergangenheit angehörende Entwässerungen von Feuchtgebieten, Bodenverdichtungen durch viel zu schwere Landmaschinen – dies sind nur die wichtigsten Stichpunkte aus dem Sündenregister der konventionellen Landwirtschaft in puncto Bodenzerstörung.
Auch die Forstwirtschaft steht nicht mit ganz weißer Weste da: Nadelholz-Monokulturen bewirken eine Versauerung und Degradierung des Bodens, großflächige Kahlschläge sogar Bodenerosion. Dennoch sind die Probleme im Wald gegenüber der Landwirtschaft vergleichsweise gering.

Schlammströme und Sandstürme: Bodenerosion

Bodenabtragung ist eine Folge der modernen großflächigen Landwirtschaft auf lange Zeit unbedecktem Boden. Unterschieden wird zwischen einer Verlagerung von Bodenmaterial durch Wasser und durch Wind.
Niederschläge bewirken die Wassererosion, wenn das aufprasselnde Wasser bei starkem Regen nicht mehr in den Boden eindringen kann, sondern an der Oberfläche abfließt. Ein ganz normaler Landregen mit kleinen Tropfen richtet kaum Schäden an, weil das Wasser den Boden langsam anfeuchtet und dann nahezu vollständig versickert. Die dikken Tropfen eines Platzregens dagegen zerschlagen die Bodenaggregate an der Oberfläche; die Bodenteilchen werden hochgeschleudert und mit dem sie umgebenden Wasser hangabwärts transportiert. Besonders drastisch ist diese Wirkung, wenn die Regentropfen auf ausgetrockneten Boden fallen. Das Zerschlagen von Aggregaten bewirkt eine Verschlämmung des Bodens, so daß das Niederschlagswasser künftig noch schlechter eindringen kann. Als Indikator solcher Bodenverschlämmung gilt auf den Äckern die oft in großer Zahl keimende Kamille *(Matricaria chamomilla)*.

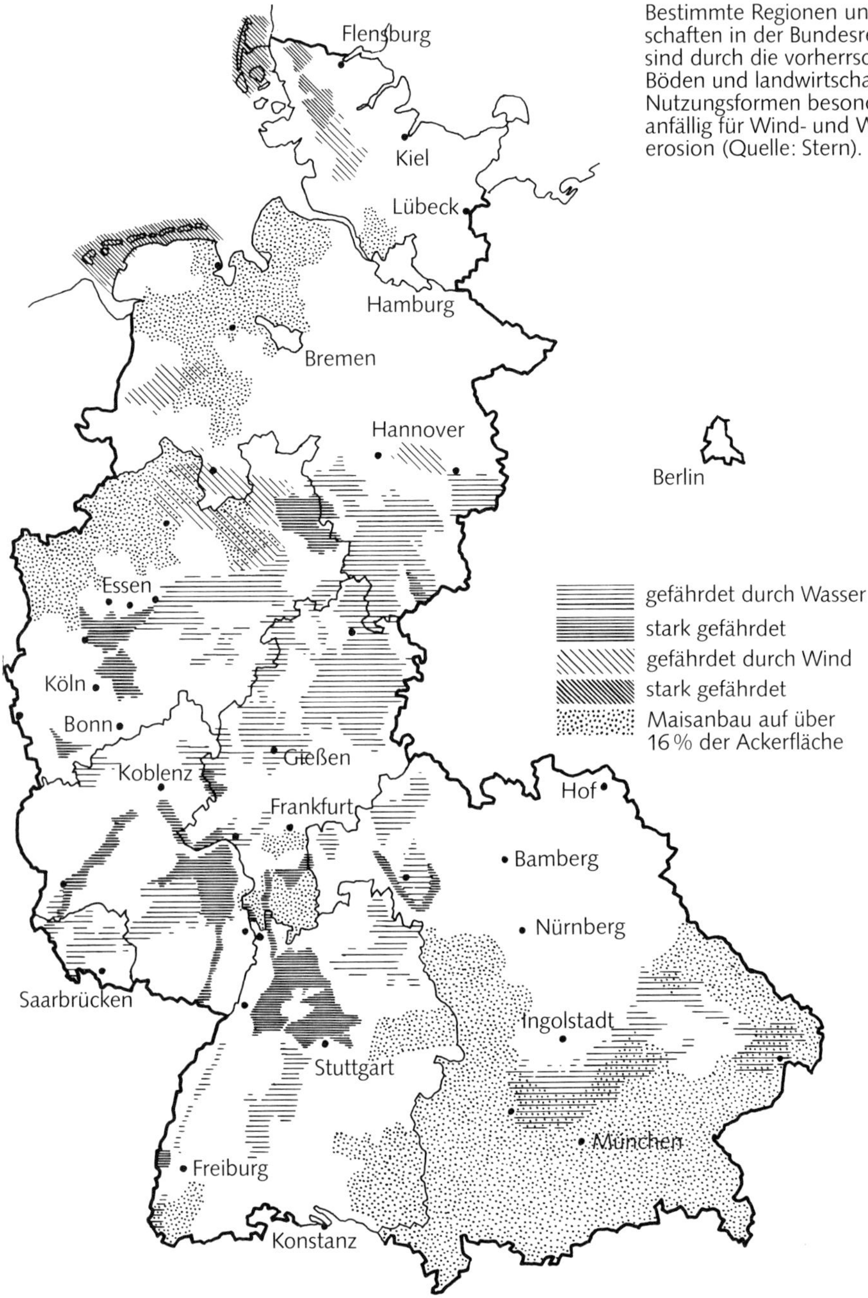

Bestimmte Regionen und Landschaften in der Bundesrepublik sind durch die vorherrschenden Böden und landwirtschaftlichen Nutzungsformen besonders anfällig für Wind- und Wassererosion (Quelle: Stern).

Bodenerosion durch Wasser setzt bereits bei einer Hangneigung von nur 1° ein. Sie wird gefördert durch riesige Monokulturflächen, die in der Agrarlandschaft an die Stelle einst kleiner Parzellen mit Hecken und Feldrainen getreten sind. Äußerlich kaum auffallend, jedoch kaum minder gefährlich, ist die Fruchtbarkeitserosion: Die als Träger wichtiger Nährstoffe wertvollen feinen Bodenteilchen werden erodiert, die Bodenoberfläche aber rein optisch kaum verändert.

Schon bei einer Neigung des Hanges von 1° (1,1 %) setzt die Bodenerosion durch Wasser ein. Ihr Ausmaß verstärkt sich mit zunehmender Steilheit, und schon bei 5° Neigung werden viele Böden sehr stark abgetragen. Am gravierendsten trifft das für Böden mit viel Feinsand und Schluff, aber wenig Ton zu. Ein Tongehalt von mehr als 20 % vermag die Schluff- und Sandkörner so gut miteinander zu verbinden, daß das Wasser sie nicht so leicht auseinanderreißen kann.

Vom Winde verweht

Winderosion ist vor allem in den an Feinsand reichen Böden Norddeutschlands ein Problem, wenn sie auf den Äckern nicht durch eine Pflanzendecke geschützt werden. Windgeschwindigkeit und Teilchengröße sind die entscheidenden Faktoren, die das Ausmaß der Abtragung bestimmen: Am anfälligsten für den Transport ist der Feinsand, während Ton und Humus durch eine wirkungsvolle Bindung der anderen Bodenteilchen Widerstand leisten. Größere Bodenteilchen mit einer Korngröße von 0,1 bis 1 mm werden rollend und springend fortbewegt, wobei sie kleinere Teilchen anstoßen und zum Fortschweben „animieren".

Bei der Ablagerung der transportierten Teilchen nimmt der Wind eine sehr genaue Sortierung nach der Korngröße vor, indem die größeren Körner (Sand) zuerst, die kleineren (Schluff) zuletzt und damit in größerer Entfernung deponiert werden. Damit leidet der Wert sowohl des erodierten als auch des akkumulierten Bodens: Beide weisen eine einförmige Körnung auf, auf der einen Seite werden Pflanzenwurzeln freigelegt, auf der anderen Pflanzen zugedeckt. Zudem

Solange die Kulturpflänzchen noch zart und klein sind, können sie die zerstörerische Wirkung der aufprallenden Regentropfen und des abfließenden Wassers kaum bremsen. Nicht nur Regen, Graupel und Hagel bewirken auf solchen Flächen unweigerlich Bodenerosion, sondern auch der abtauende Schnee. Wind kann nur bei Austrocknen der Oberfläche angreifen.

Trotz steiler Hanglage kann bei Besinnung auf traditionelle Bewirtschaftung die Bodenerosion in Grenzen gehalten werden, z. B. durch den Verzicht auf schwere Maschinen, durch hangparalleles Pflügen und kleine Parzellengrößen. Unter heutigen Gesichtspunkten ist eine Bewirtschaftung steiler Flächen jedoch kaum mehr rentabel. Dennoch sollte ein solches Bild zum Nachdenken über Alternativen zum mechanisierten und chemisierten Landbau anregen.

bewirkt der Wind eine starke Austrocknung des nackten Bodens.
Eine möglichst ganzjährig vorhandene Pflanzenbedeckung ist das A und O des Erosionsschutzes. Am besten schützt ein vielstufiger Wald den Boden. In der Landwirtschaft – auch der konventionellen – können die Zeiten frei liegenden Bodens durch die Wahl der angebauten Pflanzen und der Fruchtfolge verkürzt werden. Erosionsfördernd wirken sich beispielsweise Mais- und Spargelfelder aus, da sie den Boden lange im Jahr unbedeckt lassen.

Die Agrochemie verschwindet nicht spurlos

Tonnenweise streuen und spritzen Landwirte Düngemittel und Biozide auf ihre Felder, um höchstmögliche Erträge zu erzielen. Negative Auswirkungen auf die Böden und nicht zuletzt auch das Grundwasser sind unausbleiblich, wenn sie vielfach auch lieber totgeschwiegen werden.
Die Düngung vor allem mit Phosphat-, Stickstoff- und Wirtschaftsdünger (d. h. Mist, Gülle) kann eine ganze Reihe von Folgen haben:

- Sickerwasser transportiert die Nährstoffe aus den Düngemitteln auch in tiefere Bodenbereiche und schließlich in das Grundwasser – hier bereitet vor allem das Nitrat schon heute Probleme bei der Trinkwasserversorgung.
- Die massive Düngung bewirkt eine Nährstoffanreicherung über die verschiedenen Stoffkreisläufe auch in benachbarten Lebensräumen, deren langfristige Folgen noch nicht absehbar sind. Vielfach ist bereits ein Ausbreiten nährstoffliebender Arten auf Kosten seltener, auf ärmere Standorte

beschränkte Pflanzen zu beobachten. Betroffen sind davon beispielsweise Halbtrocken- und Borstgrasrasen, Heideflächen und Feuchtwiesen.
- In Oberflächengewässer gelangendes Phosphat bewirkt eine Massenvermehrung von Algen, deren sauerstoffzehrender Abbau durch Mikroorganismen im Extremfall zum „Umkippen" und damit zum biologischen Tod des Gewässers führen kann.
- Phosphatdünger enthalten als Verunreinigung mehr oder weniger große Mengen des giftigen Schwermetalls Cadmium, welches sich im Boden anreichert (s. Seite 94).
- Besonders gefährlich ist die in Gebieten mit intensiver Massentierhaltung übliche Überdüngung mit Mist und Jauche, die zu sehr hohen Nährstoffeinträgen in den Boden und die Oberflächengewässer, durch Auswaschung aber auch in das Grundwasser führt.

Biozide gegen alles

Schlimmer noch muß der Einsatz von Bioziden bewertet werden: der Herbizide zur Bekämpfung von konkurrierenden Pflanzen, der Insektizide als Insektentod, der Fungizide gegen Pilze, der Bakterizide und Akarizide gegen Bakterien und Milben. Hinzu kommen die Wuchshemmer, die bei Getreide für eine Halmverkürzung sorgen. Bei der üblichen hohen Düngung würde es zu stark in die Länge schießen und umknicken. Auch Mittel, die mit selektiver Wirkung auf bestimmte Organismen allgemein als ungefährlich und schnell abbaubar gelten, bilden häufig im Boden viel gefährlichere Umwandlungsprodukte, sogenannte Metabolite, die sich an Tonminerale oder Humus über lange Zeit binden können. Auch in der Forschung bestehen hier noch große Wissenslücken.

Chemisch handelt es sich bei den Bioziden zumeist um organische Verbindungen, die im Boden genauso wie alle anderen Stoffe gelöst, verlagert, angelagert und wieder in Bewegung gesetzt, längerfristig in Verbindungen eingebaut, aber auch chemisch oder biologisch um- und abgebaut werden. Allgemeingültige Regeln lassen sich dafür nicht aufstellen: Jedes Biozid kann sich anders verhalten, wobei die Eigenschaften des Bodens eine wesentliche Rolle spielen. Als Beispiele genannt seien der pH-Wert, das Vorhandensein von Huminstoffen und Tonmineralen, die Wasserführung und nicht zuletzt die Besiedlung mit Mikroorganismen.

Wesentliche Bestandteile der Biozide sind chlorierte Kohlen-

Metabolite
Ganz allgemein sind Metabolite die Produkte des Stoffwechsels von Organismen, die durch Auf- und Abbaureaktionen entstehen. Im Falle von Schadstoffen, die die Organismen im Boden aufnehmen und umbauen, handelt es sich in vielen Fällen um noch gefährlichere Umbauprodukte als die Ausgangssubstanzen.

wasserstoffe und organische Phosphorsäureverbindungen bei den Insektiziden. Bei den Herbiziden handelt es sich um Essigsäureverbindungen, Carbaminsäure- und Harnstoffderivate, Triacine und Pyridine. Noch verheerender wirken die von manchen Gärtnern immer noch verwendeten sogenannten Totalherbizide mit Chloraten, Kupfersulfat, Calciumcyanamid und chlorierten Fettsäuren, die jegliches Pflanzenleben abtöten. Fungizide setzen sich vor allem aus organischen Phosphorsäureestern, chlorierten Kohlenwasserstoffen und organischen Quecksilberverbindungen zusammen. Die Folgen der breiten Anwendung solcher Chemikalien vor allem in der Landwirtschaft – und zwar besonders im Intensivanbau und in Sonderkulturen von Obst und Gemüse, Zierpflanzen, Wein und Hopfen – lassen sich nur andeuten: Anreicherung und Auswaschung im Boden, Eintrag in das Grund- und Trinkwasser, Schädigung von Mikroorganismen, Pflanzen, niederen und genauso auch höheren Tieren und letztlich auch des Menschen.

Entwässerung und Bodenverdichtung

Trotz landwirtschaftlicher Überproduktion werden auch heute noch Feuchtwiesen entwässert, um sie nutzen zu können. Nicht nur auf die dort lebenden charakteristische Pflanzen- und Tierarten zeigt das katastrophale Auswirkungen, sondern auch auf den Boden. Besonders bei einem anmoorigen oder torfigen Oberboden sorgt der verstärkte Luftzutritt für eine rasche Zersetzung des organischen Materials, so daß sich der gesamte Boden setzt und seine Oberfläche absinkt. Gerade Anmoor und Torf bilden jedoch die Lebensgrundlage für eine ganz eigene Tier- und Pflanzenwelt. Die ursprünglichen Verhältnisse wiederherzustellen, kann viele Jahrzehnte bis Jahrhunderte in Anspruch nehmen.
Alle Maßnahmen in der üblichen Praxis der Landwirtschaft laufen darauf hinaus, die Böden und Standortbedingungen zu vereinheitlichen. Ganz besonders trifft das für den Feuchtegrad zu: Sowohl extrem nasse als auch stark trockene Böden gehen verloren, und gerade sie weisen die selteneren Bodentypen und Tier- und Pflanzenarten auf.
Auf sämtlichen landwirtschaftlichen Nutzflächen entstehen Probleme durch den Druck der immer größer und schwerer gewordenen Fahrzeuge und Maschinen. Er bewirkt eine sogenannte Sackungsverdichtung, wobei Zahl und Volumen der Grobporen sehr stark abnehmen, während sich der Umfang der Mittel- und Feinporen kaum ändert.

Das Auffüllen von Feuchtwiesen, die sich meist durch Gleye und anmoorige Bodenbildungen auszeichnen, zerstört nicht nur selten gewordene Bodentypen, sondern auch die Existenzmöglichkeit von ebenso gefährdeten Lebewesen.

Das Pflügen bringt ebenso wie das Umgraben im Garten eine Störung der gewachsenen Horizontierung des Bodens mit sich. Viele auch für die Fruchtbarkeit wichtige Bodenlebewesen vermögen nur in einer artspezifischen Tiefe unter der Erdoberfläche zu existieren. Zudem bewirkt das regelmäßige Befahren des Bodens mit immer schwereren Maschinen eine Verdichtung im Untergrund.

Wassergefüllte Fahrspuren in der Agrarlandschaft markieren extreme Verdichtungen im Bodenprofil, so daß das Regenwasser – soweit es nicht oberflächlich abfließt – nicht mehr bzw. stark verlangsamt versickern kann. Dies bedeutet negative Auswirkungen auf den Wasser- und Lufthaushalt des Bodens, die auch Ertragseinbußen mit sich bringen können.

Sandböden sind am wenigsten anfällig für eine Verdichtung, Lehm- und Tonböden am stärksten, wobei auch der Wassergehalt eine wesentliche Rolle spielt: Im feuchten oder nassen Zustand verschieben sich gerade die plättchenförmigen Tonteilchen leicht und lagern sich in meist paralleler Richtung zueinander. Eine verdichtete Zone ist in vielen Bodenprofilen unter Ackernutzung in etwa 28 cm Tiefe zu finden: die sogenannte Pflugsohlenverdichtung.
Folgen der Bodenverdichtung ist eine geringere Versickerungsrate des Niederschlagswassers und damit unter Umständen eine erhöhte Wassererosion. Hinzu kommt eine nachteilige Änderung des Bodengefüges durch Verminderung des Grobporenanteils mit geringerem Luft-, Sauerstoff- und Wassergehalt, so daß die Durchwurzelung erschwert ist.

Nadelholz-Monokulturen im Wald

Auch die Forstwirte greifen in das System der Böden ein. Der wichtigste negative Einfluß geht von Fichtenforsten auf Standorten aus, an denen der Nadelbaum von Natur nicht vorkommt. Die Fichte war ursprünglich beschränkt auf Hochlagen von Harz und Schwarzwald sowie den Bereich der Alpen.
Die Aufforstung mit der Fichte und anderen Nadelhölzern verändert den darunterliegenden Boden innerhalb weniger Jahre recht drastisch: Es kommt zur Anhäufung einer schwer zersetz- und abbaubaren Streu, die das Artenspektrum und die Biomasse des Bodenlebens reduziert. Auf nährstoffarmen Böden fördert sie die Bildung des ungünstigen Rohhumus und die Neigung zur Podsolierung, einer Auswaschung von Kalk, Eisenhydroxiden und Humusstoffen, die sich tiefer im Bodenprofil zu festem Ortsstein zusammenfügen können.
Auf diese Weise wird eine extreme Versauerung des Bodens und somit auch naher Oberflächengewässer gefördert, zu der der saure Regen ohnehin schon beiträgt, den die ganzjährig benadelten Hölzer zudem am stärksten auskämmen und am konzentriertesten auf den Boden tropfen lassen. Auf staunassen Böden sind eine Verdichtung des Oberbodens und eine verstärkte Pseudovergleyung weitere Folgen.
Fatale Konsequenzen besitzen in dieser Hinsicht die gerade auf ehemals landwirtschaftlichen Grenzertragsböden in der freien Landschaft wie Pilze aus dem Boden schießenden Weihnachtsbaumplantagen: Schon nach einer Generation Christbäume ist der Boden zu ihren Füßen derart stark ver-

Ein naturnaher, vielstufiger Mischwald kann den Boden am besten gegen Erosion schützen. Aus Sicht des Bodenschutzes muß daher auch die naturnahe Waldwirtschaft, in der Kahlschläge tabu sind, ein wichtiges Ziel darstellen.

Großflächige Kahlschläge können besonders in steileren Hanglagen auch Bodenerosion auslösen. Zudem ändert sich das zuvor durch die Bäume und zumeist auch durch die Bodenvegetation ausgeglichene Mikroklima in den oberen Bodenhorizonten drastisch.

sauert, daß eine normale Landwirtschaft nicht mehr möglich ist.

Die Düngung beschränkt sich im Wald im Vergleich zu den Acker- und Grünlandgebieten auf ein Minimum während der Verjüngung bzw. Neubegründung von Beständen. Hier wirkt sie ähnlich wie in der Landwirtschaft, wobei eine Intensivierung des Humusabbaus hervorzuheben ist.

Als Sofortmaßnahme gegen das Waldsterben erfolgt vielfach eine Kalkung, um das Versauern des Bodens abzubremsen. Sie zeigt jedoch nur eine vorübergehende Wirkung. Welche Folgen das Kalken für Bodenvegetation, Kleintiere und vor allem Mikroorganismen hat, wurde bislang noch kaum untersucht.

Grundsätzlich schützt die Waldbedeckung den Boden am besten gegen Bodenerosion. Großflächige Kahlschläge und die Spuren schwerer Forstmaschinen – die gleichfalls zu lokalen Verdichtungen führen können – lösen aber auch hier vor allem Wassererosion aus. Ihr Ausmaß muß jedoch im Vergleich mit der Landwirtschaft als gering angesehen werden.

Täglich verschwinden 114 Hektar

Bulldozer, Betonmischmaschinen und Asphaltkocher ziehen über die Landschaft her und begraben Quadratmeter für Quadratmeter, Hektar für Hektar an wertvollem Boden. Der Bodenverbrauch hat ein nahezu unvorstellbares Ausmaß angenommen: Tag für Tag verschwinden allein in der Bundesrepublik 114 ha Boden – für immer zerstört – unter Asphalt und Beton. Das entspricht einer Fläche von 1,14 Millionen m^2, einem Quadrat von 1068 m Seitenlänge.
Doch damit nicht genug: Der Abbau von Bodenschätzen im Tagebau, von Steinen und Kiesen, Sanden und Tonen, Torf und Braunkohle, frißt weitere Löcher in die dünne Bodendecke. Für die meisten Handelnden stellt der Boden einfach nur Erde dar, die sich beliebig verschieben und aufhäufen, deponieren oder einfach zuasphaltieren läßt, ohne Schaden zu nehmen. Daß der Boden jedoch ein Produkt Jahrtausende währender Prozesse darstellt, von dem auch unser Leben abhängt, geht in ihr Denken und Planen offensichtlich kaum ein.

Die Versiegelung der Landschaft

Die Überbauung mit Gebäuden und Verkehrsanlagen kostet die Bundesrepublik täglich 114 ha Bodenfläche – in jedem Jahr mehr als die Landesfläche Bremens. 12,5 % der Fläche der Bundesrepublik sind auf diese Weise bis heute mit Asphalt und Beton versiegelt worden. Lokal – vor allem in den Ballungszentren – liegt der Anteil bisweilen über 70 %. Von den im Mittel 12,5 % versiegelten Flächen nehmen Gebäude 6,2 % ein, Verkehrsflächen wie Straßen, Park- und Flugplätze sowie Bahntrassen 4,9 %. Damit hat sich die Fläche überbauter Landschaft seit dem Jahr 1950 – damals waren es 7,5 % – schon bald verdoppelt.
Bei den Gebäuden dominiert die Wohnbebauung, die einen inzwischen abgeebbten Boom erlebte. Der Durchschnittsmensch in der Bundesrepublik bewohnte 1950 lediglich 15 m^2 Fläche, 1982 waren es 34, im Jahr 2000 sollen es – vielleicht etwas zu großzügig geschätzt – 50 m^2 sein. Verheerend

Bodenversiegelung im privaten Bereich: Das Verbundpflaster ist zwar noch etwas besser als eine völlig geschlossene Beton- oder Asphaltdecke, läßt jedoch ebenfalls kaum Niederschlagswasser in den Boden eindringen.

Ein positives Beispiel einer nicht versiegelten Hoffläche. Reicht eine zurückhaltende Schotterung des befahrenen Bereiches nicht aus, so können als Alternative in den Fahrspuren auch Rasengittersteine verlegt werden.

wirkt sich auch der Bau von Wochenend- und Ferienhäusern in der Landschaft aus, die vielfach ungenehmigte Schwarzbauten darstellen. Gerade sensible Landschaftsbereiche wie Seeufer wurden in der Vergangenheit ohne Rücksicht auf Verluste zugebaut. Noch größere Gefahren für die umgebenden, noch nicht versiegelten Böden bergen jedoch die Areale von Industrie und Gewerbe, die einen etwas geringeren Anteil an dem Terrain der Siedlungen besitzen als die Wohnbebauung.

Der Moloch Verkehr

Das starke Anwachsen der Verkehrsflächen beruht nicht nur auf dem Bau immer neuer Straßen, sondern auch auf deren zunehmender Breite: Der Anteil von mehr als 6 bis 7 m brei-

Immer neue Straßen fressen sich in bislang unzerschnittene Landschaften. Im bundesrepublikanischen Durchschnitt durchziehen mehr als 4 km asphaltierte Straßen, Feld- und Waldwege jeden Quadratkilometer Landschaft. Zu der völligen Versiegelung der unmittelbaren Straßenoberfläche kommen die mannigfaltigen Schadwirkungen auf die umgebenden Böden beiderseits der Asphaltpisten.

ten Asphaltstraßen nimmt stetig zu. Mehr als 500 000 km örtliche und überörtliche Verkehrsstraßen durchschneiden heute die Republik, hinzu kommen noch einmal mehr als 250 000 km befestigte und unbefestigte Feld- und Waldwege, die ebenfalls zerschneidende und umwelt- wie bodenschädigende Wirkung besitzen. Dennoch werden auch heute noch immer wieder neue Autobahnen, Bundes-, Landes- und Gemeindestraßen gebaut, besonders unter dem Vorwand des Umweltschutzes viel zu großzügig angelegte Ortsumgehungsstraßen.

Die tatsächliche Bilanz des Flächenverbrauchs geht jedoch über die 12,5 % versiegelten Bodens weit hinaus: Die von den Siedlungs- und Verkehrsflächen ausgehenden Schadstoffe, besonders aus Schornsteinen, Fabrikschloten und Auspuffrohren, lagern sich auch auf den umgebenden Böden ab (s. Seite 92).

Auf allen versiegelten Flächen sind die vielfältigen Funktionen der Böden total zerstört: Niederschlagswasser kann nicht eindringen und somit nicht die Grundwasservorräte speisen, Schadstoffe werden nicht gebunden, Säuren nicht abgepuffert, biologische und klimatische Vorgänge sind tot. Im Stadtgebiet von Hamburg wurde der Einfluß der Bodenversiegelung auf die Neubildung von Grundwasser untersucht: Pro Jahr gelangen über 80 % der in der Hansestadt benötigten Trinkwassermenge als Folge der hohen Versiegelungsrate nicht in den Boden, sondern fließen an der Oberfläche ab. Bezeichnend ist, daß Hamburg bereits den größten Teil seines Trinkwassers aus der fernen Lüneburger Heide herbeipumpt.

Abbau von Rohstoffen

6000 ha Fläche frißt Jahr für Jahr der Abbau von Rohstoffen in der Bundesrepublik, davon allein 5000 ha in Form von Sand- und Kiesgruben. Die gesamte derzeitige Abbaufläche mißt rund 75000 ha. Die gesetzlich vorgeschriebene Rekultivierung, sprich Wiedernutzbarmachung für die Land- oder Forstwirtschaft, täuscht über die vorangegangene großflächige Zerstörung von Böden hinweg, die sich mit der Modellierung der Oberflächen und dem Aufschütten vorher beiseite geschafften Bodenmaterials keineswegs ausgleichen läßt. Hinzu kommt, daß sich auch die meisten der dem Abbau zum Opfer gefallenen Lebensräume – wenn überhaupt jemals – nicht kurzfristig wiederherstellen lassen.

Besonders großflächige Wunden reißt der Braunkohletagebau in die Landschaft, so zwischen Köln und Aachen und im Meißner. Tausende Hektar Wald und Böden sollen neben mehreren Dörfern dem geplanten „größten Loch der Welt" westlich von Köln weichen. Die ökologischen Folgen allein der drastischen Freilegung und Absenkung des Grundwassers in einem riesigen Umfeld sind nicht absehbar.

Weniger Flächen als der Tagebau beansprucht der Bergbau, dessen größtes Problem die nicht verwertbaren Rückstände darstellen. Sie werden zu Halden aufgeschüttet, wenn sie nicht zum Verfüllen abgebauter Lagerstätten verwendet werden können. Allein im Ruhrgebiet müssen Jahr für Jahr 50 ha neue Haldenflächen ausgewiesen werden, im gesamten Bundesgebiet 90 ha. Auch in diesen Bereichen werden Böden zerstört. In der Umgebung sind Schäden durch salz- oder anderweitig schadstoffhaltige Sickerwässer und Auswaschungen zu erwarten.

Wer Torf im Garten verwendet, macht sich an der Zerstörung der letzten Moore und ihrer rar gewordenen Bodentypen mitschuldig. Der Torf wird nach Entwässerung des Moorkörpers abgebaut und in Säcke verpackt. Trotz der bekannten katastrophalen Folgen findet er noch immer seine Abnehmer, obwohl inzwischen die Ersatzstoffe Rindenmulch, Rindenhumus und Kompost sogar als wesentlich günstiger angesehen werden.

Todsünde Torfabbau

Eine Todsünde an seltenen Bodentypen und den an sie existentiell gebundenen Lebensgemeinschaften stellt der noch immer nicht gestoppte Torfabbau dar, der über Jahrtausende gewachsene Strukturen für alle Zeiten zerstört. Eine sogenannte Renaturierung und Wiedervernässung teilabgebauter Moorkörper läßt zwar erneut Feuchtbiotope entstehen, das einmal gestoppte Wachstum der das Moor aufbauenden Torfmoose (*Sphagnum* spec.) jedoch ist kaum wieder zu erreichen.

Jeder Gärtner, der in seinem Garten Torf verwendet, muß für die Zerstörung der Moore mitverantwortlich gemacht werden. Hier hilft nur ein totaler Verzicht. Torf findet sich allerdings daneben auch in Blumenerde.

Bodenschutz – jeder kann mithelfen

Der Bodenschutz muß zu einem zentralen Anliegen des Natur- und Umweltschutzes werden. Denn der Boden – das werden die vorangegangenen Kapitel verdeutlicht haben – spielt eine ganz entscheidende und unverzichtbare Rolle in allen Lebensräumen und Ökosystemen. Die immer länger werdenden „Roten Listen" der vom Aussterben bedrohten Tier- und Pflanzenarten gehen zum größten Teil auf das Konto von menschlichen Eingriffen in den Naturhaushalt, die mit der Veränderung der Böden bzw. deren Nutzung verbunden sind. Somit bewirkt ein intensiver Schutz von Böden, der vor allem die Erhaltung der verschiedenen Bodentypen beinhaltet, zugleich einen erfolgreichen Schutz von Pflanzen und Tieren.
Wie gefährlich die Vergiftung immer größerer Bodenflächen mit den verschiedensten Schadstoffen ist, zeigt die Machtlosigkeit des Menschen: Eine Reinigung des Bodens von den schlimmen Giften ist nicht möglich. Das einzige Rezept besteht darin, verseuchten Boden abzubaggern und gegen neuen auszutauschen. Doch wohin mit dem alten Boden, woher den neuen nehmen?
Initiativ werden für den Bodenschutz kann jeder einzelne – durch Umdenken und bewußtes Verhalten im Alltag, durch Gespräche mit Nachbarn, Unternehmern und Politikern, durch Eingaben an Behörden und Parlamente sowie viele andere Initiativen mehr.

Was der einzelne tun kann

Beim Bodenschutz durch den einzelnen Bürger denkt man sicher zuerst an den eigenen Garten. Hier kommt es darauf an, eine ganze Reihe von Dingen künftig nicht mehr zu tun: beispielsweise chemische Spritzmittel zu verwenden, mit mineralischen Düngemitteln zu düngen, den Boden umzugraben oder längere Zeit von Pflanzen unbedeckt liegen zu lassen, und Torf zu verwenden. Alle diese Maßnahmen führten in der Vergangenheit zu schweren Boden- und Umweltbelastungen in den Haus- und besonders den Kleingärten, die sich – so sollte man meinen – leicht vermeiden ließen. Als Alternative zu den chemischen Präparaten, um ungeliebte Mitfresser und Krankheiten an den Pflanzen zu dezimieren, bieten die Fachliteratur und auch einige Firmen ungefährlichere Mixturen an, begonnen bei der Brennesseljauche gegen Blattläuse. Vorbeugung ist jedoch der beste Schutz: Eine nach bestimmten Regeln angelegte Fruchtfolge und Mischkultur unterschiedlicher Nutzpflanzen schließt viele Schäden von vornherein weitgehend aus.

Organische Düngung

Mineralische Düngemittel lassen sich im Garten fast immer vollständig durch eine organische Düngung ersetzen, wenn jegliche organischen Abfälle aus Garten und Küche auf dem Komposthaufen landen und dann dem Boden wieder zugeführt werden. Eine andere Möglichkeit bietet die Gründüngung, indem man Pflanzen wie Lupinen, Klee, Wicken, Senf oder Spinat aussät und später untergräbt. Die zu den Leguminosen oder Schmetterlingsblütlern zählenden Arten bilden eine Lebensgemeinschaft mit Knöllchenbakterien, die in die Wurzelzellen eindringen und charakteristische Wucherungen des Pflanzengewebes auslösen. Dort binden sie Stickstoff aus der Luft und bringen ihn in eine auch für die Pflanzen aufnehmbare Form.

Wer meint, daß diese Maßnahmen in seinem konkreten Fall nicht ausreichen, sollte zunächst eine Bodenprobe chemisch untersuchen lassen, um den tatsächlichen Nährstoff- bzw. Düngerbedarf zu ermitteln.

Den Spaten schonen

Das alljährliche herbstliche Umgraben des Gartenbodens ist nicht nur eine schweißtreibende Angelegenheit, sondern bewirkt eine drastische Störung des Bodenlebens. Viele Arten sind nämlich auf eine ganz bestimmte Tiefe unter der Bodenoberfläche fixiert: die auf Sauerstoff angewiesenen (aeroben) Organismen oben, die ohne Luft auskommenden (anaeroben) darunter. Der Einsatz des Spatens bringt das ganze System durcheinander, die meisten Tiere sterben. Das Umgraben richtet im allgemeinen mehr Schaden als Nutzen an – statt dessen sollte eine Lockerung des Oberbodens notfalls mit einer Grabegabel, besser jedoch mit Hilfe eines Sauzahnes (1 Zahn) oder eines Kultivators (3 bis 5 Zähne) erfolgen.

Anzustreben ist eine möglichst ganzjährige Bedeckung des

Bodens durch Pflanzenmaterial: So kann der Boden kaum austrocknen, das Bodenleben und damit auch eine natürliche Lockerung wird stark gefördert, Wasser- und Lufthaushalt des Bodens bleiben ausgeglichen. Förderlich wirkt besonders auch das Mulchen, indem man totes pflanzliches Material wie Blätter und Rasenschnitt oder das gemähte Gras von der Wiese zwischen den Pflanzen verteilt und liegen läßt.

Es gibt viel Ersatz für Torf

Torf wird als Mittel zur Bodenverbesserung meist überschätzt, denn er enthält praktisch keine Nährstoffe, bewirkt eine saure Bodenreaktion und Nährstoffmangel, der mit Hilfe von Düngemitteln behoben werden muß. Die Umsetzung zu Humus erfolgt extrem langsam, so daß Torf das Entstehen einer optimalen Bodengare verhindert, während er in reinen Sandböden viel zu schnell zersetzt wird.

Bodengare

Der Ausdruck der Bodengare, besonders in Landwirtschaft und Gartenbau gebräuchlich, bezeichnet einen optimalen Bodenzustand für das Pflanzenwachstum. Wichtig sind eine hohe Aktivität der Bodenorganismen, ein ausreichender Anteil an Huminstoffen, die die mineralischen Bodenteilchen miteinander verkleben, und eine Krümelstruktur als Folge des reichen Bodenlebens. Die Poren innerhalb der Bodenkrümel sind überwiegend mit Wasser, die zwischen den Krümeln mit Luft gefüllt.

Als besserer Ersatz tut es in vielen Fällen auch Kompost oder auf jeden Fall Rindenmulch bzw. -humus. Beides sind Materialien aus zerkleinerter Baumrinde, die in Form von Rindenmulch unverändert auf die Beete gelangt. In einer 5 cm dikken Schicht aufgebracht und nicht in den Boden eingearbeitet, stellt Rindenmulch durch eine gewisse herbizide Wirkung bestimmter Inhaltsstoffe einen optimalen Schutz gegen unerwünschte Wildkräuter dar, so daß Bodenbearbeitung und Wildkrautjäten entfallen.

Rindenhumus wird nach Zerkleinern der Rinde mit Stickstoff und eventuell auch Kalk versetzt, befeuchtet und zu mit Folien abgedeckten Mieten aufgesetzt. Innerhalb von 8 bis 12 Wochen findet so eine teilweise Umsetzung des Materials zu Huminstoffen statt, so auch der vorher herbizid wirkenden Stoffe. Rindenhumus wird in den Oberboden eingearbeitet, so daß der Anteil organischer Substanz langfristig erhöht wird, da die weiteren Prozesse der Mineralisierung und Humifizierung der Rinde über längere Zeit laufen.

Der Rindenhumus wirkt nicht, wie der Torf, sauer und enthält ein Vielfaches an Nährstoffen, so daß ein sparsamerer Gebrauch (im Schnitt 140 l pro Jahr und 100 m^2) möglich ist: das 20fache an Stickstoff, das 10fache an Kalium und das 6fache an Phosphor.

Selbst initiativ werden

Bewußte Eigeninitiative ist auch gefragt, wenn es um eine Verminderung der Schadstoffe geht, die in die Böden eingetragen werden. Umweltschonendes Verhalten heißt die Devise, die auch den Boden schützt: so wenig wie möglich Auto zu fahren, nur bleifreies Benzin zu tanken, ein Fahrzeug mit geregeltem Drei-Wege-Katalysator kaufen, öfter das Fahrrad, Bahn und Bus statt Privat-Pkw (und vielleicht auch Flugzeug) zu benutzen, die Wohnung sparsam zu beheizen, auf unnötigen Verpackungsmüll – besonders in Form von Kunststoffen – zu verzichten, ebenso auf alle unnötigen Kunststoff-Materialien und vieles andere mehr.
Schließlich zählen auch die Ernährungsgewohnheiten hierher. Wer die Produkte alternativ wirtschaftender Landwirte und Winzer kauft, unterstützt sie damit in ihrer Existenz – und somit auch eine schadstoffarme Erzeugung.
Politiker und andere Entscheidungsträger handeln oft erst, wenn sie von ihren Wählern bzw. der Bevölkerung dazu gedrängt werden. Viele der in den beiden folgenden Abschnitten genannten Forderungen können daher nur dann zur Realität werden, wenn auch der einzelne das Gespräch und den Briefkontakt zu den Verantwortlichen sucht. Mehr Nachdruck verleiht man seinen Forderungen mit der Unterstützung von Naturschutz- und ähnlichen Organisationen.

Als Landwirt bodenverträglich arbeiten

Wie ausführlich beschrieben wurde, gehen heute von der konventionell betriebenen Landwirtschaft zahlreiche schädigende und zerstörende Einflüsse auf den Boden aus, wobei die Betreiber von jeglichen Intensivkulturen mit inbegriffen sind. Die beste Konsequenz daraus für den einzelnen Landwirt wäre die Umstellung seiner Wirtschaftsweise auf eine der alternativen Betriebsformen.
Doch auch der in herkömmlicher Weise wirtschaftende Landwirt kann mit etwas Bewußtsein für die Probleme und gutem Willen zahlreiche Gefährdungsfaktoren für den Boden ausschließen oder zumindest verringern. Als Beispiel seien folgende Empfehlungen gegeben:

Bereifung	Normal	Zwilling	Niederdruck	

Reifendruck	1,2	0,8	0,4	bar
Lastfläche	1490	3100	8323	cm²
Kontaktdruck	1,74	0,84	0,31	kg/cm²

- Eine abwechslungsreiche Fruchtfolge, nach Möglichkeit unter Vermeidung der erosionsfördernden Pflanzen wie Mais und Rüben, kann die Zeiten bloßliegenden Bodens verkürzen.
- Die Erosion ist in gefährdeten Lagen durch hangparalleles Pflügen, eine lange Bodenbedeckung und das Stehenlassen von ganzjährig bewachsenen Erosionsschutzstreifen innerhalb der Parzelle zu mindern.
- Die auf dem Feld stehengebliebenen Stoppeln und alle anderen organischen Abfälle werden untergepflügt und nicht etwa verbrannt.
- Schwere Maschinen bewirken eine Verdichtung des Bodens; läßt sich ihr Einsatz nicht verhindern, so ist eine möglichst breite Bereifung anzustreben, um den Boden-

Eine breite Bereifung schwerer landwirtschaftlicher Maschinen kann den Bodendruck und damit Verdichtungen und Schäden im Boden deutlich mindern.

Pflügt ein Landwirt mit dem Gefälle, kann das eine massive Bodenerosion auslösen. Hangparalleles Pflügen dagegen mindert das Fortschwimmen der wertvollen Ackerkrume in gewissen Grenzen; es sollte ergänzt werden durch eine kleine Parzellengröße mit zwischengeschalteten Grünstreifen sowie eine bodendeckende Kulturpflanzenwahl.

druck zu verringern. Bei nassem Untergrund sollte auf das Befahren des Bodens möglichst ganz verzichtet werden, da es dann zu verstärkten Verdichtungen kommt. Beim Kauf neuer Maschinen auf ein möglichst geringes Gewicht und einen niedrigen Bodendruck achten.

- Für das Freihalten eines 3 bis 5 m breiten Ackerrandstreifens von jeglichem Herbizideinsatz gibt es in den meisten Bundesländern inzwischen finanziellen Ausgleich für eine mögliche Ertragsminderung. Aber auch sonst muß nicht jedes Wildkraut im Acker totgespritzt werden. Bei allen chemischen Spritzmitteln gilt die Devise, erst bei Überschreiten einer bestimmten Schadensschwelle zur Spritze zu greifen. Generell sollten die Methoden des integrierten Pflanzenschutzes angewandt werden. Sind biologische Bekämpfungsmethoden vorhanden, so darf keine Chemie zum Einsatz kommen.
- Spritzmittel und Dünger sollten nicht bei stärkerem Wind ausgebracht werden, damit sie nicht auf angrenzende Flächen verdriftet werden; ungenutzte Randstreifen und Flächen müssen unbedingt frei bleiben.
- Dem Einsatz von Mineraldüngern sollte eine Analyse des Bodens auf die enthaltenen Hauptnährstoffe vorausgehen, um den tatsächlichen Bedarf zu ermitteln und nicht zu überdüngen. Grundsätzlich sollte aber den organischen Düngern der Vorzug gegeben werden. Diese müssen so aufbereitet und in solchen Mengen ausgebracht werden, daß sie keinen Schaden anrichten können; Gülle sollte nur auf von Pflanzen bedecktem Boden verteilt werden.
- Offensichtliche Eingriffe in den Boden und den Naturhaushalt wie Entwässerungsmaßnahmen, der Umbruch von Grünland (besonders in Talauen), die Beseitigung von Hekken und Wegrainen müssen unterbleiben.
- Anzustreben ist ein gemischter Betrieb mit Ackerbau und Viehzucht in einem ausgewogenen Verhältnis, das zu keinen extremen Belastungen des Bodens mit Gülle oder großflächigen Monokulturen führt.

Aufgaben der Kommunalpolitik

Wichtigstes Ziel einer bodenschützenden Kommunalpolitik muß eine drastische Verringerung des Bodenverbrauchs sein. Jeglichen Plänen, deren Verwirklichung zu ökologisch nicht vertretbaren Folgen würde, dürfen keine Chancen mehr eingeräumt werden. Zur Abwägung sind bei allen Eingriffen umfassende Prüfungen der Umweltverträglichkeit durch unabhängige und kundige Gutachter vorzunehmen. Das Instrument der Bebauungspläne sollte dazu genutzt werden, vor der Ausweisung neuer Baugebiete zunächst die vorhandenen Baulücken zu schließen. Generell ist auf ein möglichst flächenschonendes Bauen zu achten, wobei auch die Straßen möglichst schmal und verkehrsberuhigt anzulegen sind.

In den Bebauungsplänen sind Vorschriften darüber möglich, daß etwa Pkw-Einstellplätze und Zufahrten zur Garage nicht versiegelt, sondern nur mit wasserdurchlässigem Material wie Rasengittersteinen, Schotter oder Baumrinde befestigt werden dürfen. Hinweise zu den Auswirkungen der Bodenversiegelung können das Bewußtsein der Bauherren schärfen.

Allgemein ist im kommunalen Bereich eine Dezentralisierung anzustreben, die keine Benutzung des Autos und somit neue Straßen und Parkplätze erfordert, um zu arbeiten, einzukaufen und Freizeitbeschäftigungen nachzugehen.

Zu einem Teil in kommunalem Einflußbereich liegt daneben der Straßenbau. Es gibt sicher begründete Einzelfälle, in denen gerade der Bau von Ortsumgehungen notwendig ist; doch sehr viele Asphaltbänder fressen sich unnötig und viel zu breit in die Landschaft. Der Ausbau bestehender Verkehrsverbindungen bringt meist eine ausreichende Entlastung.

Der winterliche Einsatz von Streusalz sollte im privaten Bereich ganz untersagt, auf den Straßen auf das absolut notwendige Minimum begrenzt werden.

Die Ausbeutung von Lagerstätten und die Anlage von Mülldeponien sollte sehr kritisch hinsichtlich Notwendigkeit und ökologischer Folgen – ebenso anhand einer Umweltverträglichkeitsprüfung – unter die Lupe genommen werden. Auf die Notwendigkeit, Müllvermeidung, Getrenntsammlung und Recycling zu fördern, sei hier nur verwiesen.

Ein kommunales Bodenschutzprogramm kann den Zustand der Böden hinsichtlich Versiegelung, Erosion, Entwässerungen, Schadstoffquellen und -einträgen, des Vorkommens seltener Bodentypen sowie anderer Faktoren analysieren und Maßnahmen für den Schutz formulieren. Besonders erosionsgefährdete Flächen sind durch die Anlage von Feldrainen und Heckenstreifen zu schützen.

Die „große" Politik im Blickpunkt

So wichtig jede einzelne Initiative zum Schutz des Bodens auch sein mag, eine echte Wende in der akuten Gefährdung der Böden läßt sich allenfalls durch Maßnahmen auf Regierungsebene erzielen. Einen ersten kleinen Schritt stellt die Bodenschutzkonzeption der Bundesregierung aus dem Jahr 1985 dar, obwohl bahnbrechende politische Entscheidungen daraus noch nicht erwachsen sind.

Hier können nur stichpunktartig die wichtigsten Maßnahmen genannt werden, die umgehend zum Schutz des Bodens ergriffen werden müssen, soll er noch gerettet werden:

- Landwirte, die boden- und umweltschonend arbeiten, indem sie integrierten Pflanzenschutz betreiben, den Einsatz von Düngemitteln und Bioziden einschränken oder ganz einstellen, indem sie eine weitere Erosion verhindern usw., müssen per Steuerermäßigung, Preisgarantien und/oder finanziellen Fördermitteln gegenüber ihren Kollegen deutlich bevorzugt werden. Zumindest müssen dadurch mögliche Ertragseinbußen gedeckt sein.
- Die Umstellung von Betrieben auf alternativen ökologischen Landbau ist durch umfassende Beratung und finanzielle Anreize zu fördern. Die gesamte landwirtschaftliche Ausbildung muß bereits neue Schwerpunkte setzen.
- Die Forschung hinsichtlich bodenschonender Bewirtschaftungsformen ist zu intensivieren, ebenso das Prüfverfahren bei der Zulassung neuer Biozide.
- Der TÜV muß sämtliche Chemiespritzen und Düngerstreuer jährlich auf ihre exakte Funktion hin überprüfen.
- Der Gehalt an Cadmiumverunreinigungen in Phosphatdüngern muß per gesetzlicher Vorschrift drastisch reduziert werden.
- Organische Düngung ist gegenüber mineralischer zu bevorzugen; besonders vorteilhaft, da zugleich erosionshemmend, wirkt sich der Zwischenanbau von Leguminosen (Schmetterlingsblütlern) aus.
- Bei der Flurbereinigung muß die Vorbeugung und Vermeidung von Erosion ein Hauptziel werden. Am besten erreicht wird dies durch einen flächendeckenden Aufbau von Biotopverbundsystemen, die naturnahe Lebensräume durch zahlreiche linienartige Verbindungen wie Hecken, Gräben und Wegraine möglichst eng verbinden.
- Die Landwirtschaftsklausel im Bundesnaturschutzgesetz, die eine „ordnungsgemäße Landwirtschaft" mit ungezügeltem Chemie- und Düngereinsatz, Entwässerungen und

dem Umbruch von Grünland in sensiblen Tallandschaften von den Bestimmungen ausnimmt, ist ersatzlos zu streichen.
- Jeglichen Schadstoffen ist an ihrer Quelle der Hahn abzudrehen. Dazu zählen das Ersetzen von Schadstoffen durch unschädliche Substanzen, wo dies technisch möglich ist, eine steuerliche Bevorzugung umweltschonender Produkte, eine Kennzeichnung gefährlicher Erzeugnisse, die nicht im Hausmüll landen sollten, sowie ein Produktions- und Vertriebsverbot für alle Erzeugnisse, deren Herstellung mit unvertretbaren Giftemissionen verbunden ist.
- Alle Produkte, die bei Herstellung, Gebrauch oder Beseitigung unnötige Umweltbelastungen verursachen, sind mit Hilfe einer drastischen Besteuerung als Umweltabgabe so zu verteuern, daß sich Alternativen auf dem Markt durchsetzen können. Dazu zählen alle Einwegverpackungen wie Getränkedosen, Flaschen und Kunststoffbecher.
- Der öffentliche Personennahverkehr muß gegenüber dem Individualverkehr gefördert werden, besonders durch Umschichtung von Haushaltsmitteln für Straßenneubauten.
- Die technisch bestmögliche Entgiftung von Kraftwerken, Industrieanlagen und Fahrzeugen – auch der älteren – ist als Standard vorzuschreiben.
- Der Verwirklichung sämtlicher Maßnahmen, die den Boden schädigen können, muß eine Prüfung der Umweltverträglichkeit durch unabhängige Gutachter vorausgehen.

Der Katalog ließe sich beinahe endlos fortsetzen, und die wenigen genannten, allgemein gehaltenen Thesen können nur Denkanstöße darstellen.

Das Bodensterben als weltweites Problem

Die Böden sind nicht nur in Mitteleuropa, sondern weltweit gefährdet. Die Ursachen besitzen zwar vielfach einen anderen Schwerpunkt, die Folgen jedoch sind in den tropischen und subtropischen Gebieten der Dritten Welt bereits heute sehr viel drastischer und für die Menschen existenzbedrohender als bei uns.

Entwaldung mit unserer Hilfe

Das zentrale globale Problem stellt die Zerstörung der Wälder dar. Das Ausmaß der Entwaldung auf der Erde kann nur geschätzt werden: Ein solcher Schätzwert beläuft sich auf den Verlust der Fläche des Bundeslandes Rheinland-Pfalz in jedem Monat. Äxte, Motorsägen, Feuer und Planierraupen sind die größten Waldzerstörer. Der plötzlich nacktliegende Waldboden erodiert oft innerhalb weniger Jahre durch den Angriff des Niederschlagswassers, in den trockeneren Gebieten durch Winderosion. Rund 75 Milliarden Tonnen Boden sollen auf diese Weise Jahr für Jahr auf der Erde verloren gehen – eine nicht mehr vorstellbare Menge.

Traditionelle Wirtschaftsformen in der Dritten Welt erlaubten über Jahrhunderte hinweg ein langfristiges Nebeneinander von Mensch und Natur. Die Waldbauern griffen zwar bereits mit ihrem Brandrodungsfeldbau in die Waldökosysteme ein, indem sie jeweils kleine Flächen durch Abbrennen für eine landwirtschaftliche Nutzung erschlossen. Die Einhaltung von anschließenden 10- bis 20jährigen Brachezeiten erlaubte jedoch eine ausreichende Regeneration des Waldes, so daß gravierende Schäden an den Böden ausblieben. Ebenso war die Zahl und Haltung des Viehs an die Weide- bzw. Waldfläche angepaßt.

Die Jahre sind gezählt

Inzwischen sind die verbleibenden Jahre des tropischen Waldes in Afrika, Asien und Südamerika gezählt. Bis zum Anfang des nächsten Jahrtausends werden sie bis auf minimale Reste zusammengeschrumpft sein. Das gilt besonders für

die Bergwälder, deren Verschwinden infolge der meist steilen Hänge eine besonders rasche Erosion oft des gesamten Bodenprofils zur Folge hat.
Ursache Nummer 1 birgt die Bevölkerungsexplosion in der Dritten Welt. Um ihre existentiellen Lebensbedürfnisse wenigstens halbwegs zu befriedigen, bleibt den Menschen vielfach gar keine andere Wahl, als die Brachezeiten bis auf Null zu reduzieren, immer neue Waldstücke zu roden, um Boden für den Feldbau zu erschließen, durch zu hohe Viehbestände eine Überweidung voranzutreiben. In vielen Ländern benötigt die Beschaffung von Feuerholz, um kochen zu können, bereits mehr Zeit als die nicht minder schwierige Produktion der Grundnahrungsmittel.

Gefragte Tropenhölzer

Ursache Nummer 2 dagegen hat ihre Drahtzieher und Auftraggeber in den Industrienationen: Tropenhölzer bzw. ihre Furniere sind weltweit begehrt, ob Teak, Mahagoni oder andere.
International operierende Unternehmen verweisen zwar gerne auf ihre angeblich saubere Weste, da sie nur einen

Seite 120: Tropische Böden sind als Folgen der Regenwaldrodung und der Übernutzung als Folge der Bevölkerungsexplosion noch sehr viel stärker durch Erosion gefährdet als die Böden in den gemäßigten Breiten. Vielfach handelt es sich dort um mächtige Latosole und Plastosole, deren Rotfärbung auf eine Anreicherung oxidierter Eisenverbindungen zurückgeht. Derartige Böden sind als Relikte früherer Warmzeiten auch bei uns zu finden: Die Bilder zeigen einen roten Plastosol am Rande des Vogelsberges in Mittelhessen, der während der Nacheiszeit unter subtropischen Klimabedingungen entstand.

selektiven Einschlag von Einzelbäumen vornehmen würden: Nicht die Axt, allein das Feuer bedrohe den Tropenwald. Wenn sie auch tatsächlich keine völlige Waldrodung betreiben, so bereiten sie doch den Weg in die totale Zerstörung der Wälder. Ein Netz neuer Straßen erschließt bislang unzugängliche Waldgebiete für eine Nutzung durch Einheimische, genauso aber auch durch multinationale Unternehmen, die großflächige Anbau- oder Weidewirtschaft treiben und die Bevölkerung – so sie überhaupt beteiligt wird – in eine trügerische Exportabhängigkeit stürzen. Abgesehen von der direkten Bodenzerstörung induzieren die unnatürlichen Monokulturen vielfach einen massiven Einsatz von Chemikalien und Düngemitteln, die wiederum aus der sogenannten „entwickelten Welt" herangeschafft werden müssen.

Nährstoffe werden mitgerodet

Noch eine Besonderheit der tropischen Regenwälder sollte genannt werden: Die Baumriesen und das undurchdringliche Dickicht der vielstufigen Vegetation haben den größten Teil der in dem Ökosystem vorhandenen Nährstoffe in ihrer lebenden organischen Substanz gebunden, während der Boden selbst relativ nährstoffarm ist. Totes Pflanzenmaterial wird innerhalb kürzester Zeit mineralisiert und so zum erneuten Einbau wieder pflanzenverfügbar gemacht. Nach dem Roden eines solchen Waldes bleibt also ein wenig fruchtbarer Boden übrig. Das traditionelle Verfahren der Brandrodung jedoch bewirkt eine kurzzeitige Düngung des Bodens durch die Asche. Schon nach 1 bis 3 Anbaujahren bleibt danach aber ein derart armer Boden übrig, daß die Bauern sich neue Flächen roden müssen.

Die großflächigen Regenwaldgebiete saugten die großen Niederschlagsmengen bisher quasi wie ein Schwamm auf. Fehlt der Wald, so prasselt das Wasser mit unverminderter Kraft auf den mehr oder weniger nackten Boden, schießt in regelrechten Schlammströmen in die Bäche und Flüsse, wo es Hochwasserkatastrophen mit drastischen Zerstörungen auch in den Tiefländern verursacht. Der oberhalb abgeschwemmte Boden begräbt unterhalb ungeheure Flächen.

Bleibt genügend Zeit zum Handeln?

Desertifikation ist ein weiteres, zum Teil mit der Entwaldung verzahntes Problem: die weltweite Ausbreitung der Wüsten durch menschliche Übernutzung, indem die Vegetationsdecke und der Boden zerstört werden. Die Hauptursache

stellt neben klimatischen Gründen die Überweidung durch viel zu hohe Viehbestände dar. Weitere Probleme liegen innerhalb der trockenen Gebiete der Erde bei der Bodenversalzung als Folge der Bewässerung.
Die mannigfaltigen Formen, Ursachen und Folgen der weltweiten Bodenzerstörung können hier nur angedeutet werden. Verhängnisvoll wirkt sich jedoch immer wieder das Eingreifen der „entwickelten" Welt in die Zusammenhänge und Lebensweisen der ansässigen Bevölkerung in der Dritten Welt aus. Auch viele gutgemeinte und teure Projekte der Entwicklungshilfe werden buchstäblich in den Sand gesetzt und richten mehr Schaden als Nutzen an, weil die Einwohner und ihr Wissen nicht ausreichend beteiligt bzw. berücksichtigt werden. Die Stärkung der Subsistenzwirtschaft, also der Selbstversorgung der Bevölkerung, muß das oberste Ziel jeglicher Entwicklungshilfe sein – und nicht die Schaffung von Abhängigkeiten von internationalen Märkten und Industrieländern.
Ohne Zweifel ist es in vielen Regionen der Welt bereits jetzt nicht mehr fünf vor, sondern bereits fünf nach zwölf, wie uns aufsehenerregende Hungerkatastrophen von Zeit zu Zeit vor Augen führen. Umso wichtiger erscheint ein umgehendes Handeln in Form der Hilfe zur Selbsthilfe. Noch bleibt etwas zu retten, noch muß dem Hungern und Verhungern im anderen Teil der Welt nicht tatenlos zugesehen werden.

Eine ausreichende Ernährung der gesamten Erdbevölkerung zu garantieren, ist auch eine Frage des Bodenschutzes: Nur eine ökologisch verträgliche, den Boden schonende und erhaltende Bewirtschaftung kann auch eine langfristige Nutzbarkeit gewährleisten. Dazu muß in den gemäßigten Breiten über Alternativen im herkömmlichen Landbau nachgedacht werden.

Anschriften

Institute für Bodenanalysen

Pflanzenschutzamt Berlin
Altkircherstr. 1–3
1000 Berlin 33

Institut für angewandte Botanik
Marseiller Str. 7
2000 Hamburg 36

Landwirtschaftliche
Untersuchungs- und
Forschungsanstalt der
Landwirtschaftskammer
Schleswig-Holstein
Gutenbergstr. 75–77
2300 Kiel 1

Niedersächsisches Landesamt
für Bodenforschung
Außeninstitut für
Moorforschung und
angewandte Bodenforschung
Friedrich-Mißler-Str. 46–48
2800 Bremen 1

Hochschule Bremerhaven
Institut für Umweltmeßtechnik
Columbusstr. 2
2800 Bremerhaven

Landwirtschaftliche
Untersuchungs- und
Forschungsanstalt
Mars-la-Tour-Str. 4
2900 Oldenburg

Bodenuntersuchungsinstitut
Koldingen
Holländerei 22
3017 Pattensen 1

Landwirtschaftliche
Untersuchungs- und
Forschungsanstalt
Finkenborner Weg 1a
3250 Hameln 1

Hessische Landwirtschaftliche
Versuchsanstalt
Landwirtschaftliches
Untersuchungsamt
Am Versuchsfeld 13
3500 Kassel-Harleshausen

Landwirtschaftliche
Untersuchungs- und
Forschungsanstalt der
Landwirtschaftskammer
Westfalen-Lippe
Schorlemerstr. 26
4400 Münster

Landwirtschaftliche
Untersuchungs- und
Forschungsanstalt der
Landwirtschaftskammer
Rheinland
Weberstr. 59–61
5300 Bonn 1

Landeslehr- und
-versuchsanstalt
Egbertstr. 18
5500 Trier

Geologisches Landesamt
Rheinland-Pfalz
Emmeranstr. 36
6500 Mainz

Landwirtschaftliche
Untersuchungs- und
Forschungsanstalt Speyer
Obere Langgasse 40
6720 Speyer

Landesanstalt für
Landwirtschaftliche Chemie
der Universität Hohenheim
Bodenabteilung
Emil-Wolff-Str. 14
7000 Stuttgart 70

Staatliche Landwirtschaftliche
Untersuchungs- und
Forschungsanstalt
Augustenberg
Neußlerstr. 23
7500 Karlsruhe 41

Bayerische Landesanstalt für
Bodenkultur und Pflanzenbau
Menzingerstr. 54
8000 München 19

Bayerische Landesanstalt für Bodenkultur und Pflanzenbau
Vöttinger Str. 38
8050 Freising

Landwirtschaftliches Untersuchungsamt Würzburg
Luxburgstr. 4
8700 Würzburg

Bayerische Landesanstalt für Bodenkultur und Pflanzenbau
Liebigplatz 11
8900 Augsburg

Naturschutzverbände

Biologische Schutzgemeinschaft Hunte-Weser-Ems e.V. (BSH)
Georg-Droste-Str. 14
2906 Wardenburg

Bund für Umwelt und Naturschutz Deutschland e.V. (BUND)
Im Rheingarten 7
5300 Bonn 3

Deutscher Bund für Vogelschutz e.V. (DBV)
Am Hofgarten 4
5300 Bonn 1

Deutscher Jugendbund für Naturbeobachtung e.V. (DJN)
Buchenstr. 18
2000 Hamburg 60

Greenpeace e.V.
Hohe Brücke 1
2000 Hamburg 11

WWF-Deutschland e.V.
Sophienstr. 44
6000 Frankfurt/M.

Zoologische Gesellschaft von 1858 Frankfurt a.M. e.V.
Alfred-Brehm-Platz 16
6000 Frankfurt/M. 1

Boden- und Umwelttests

Komplette Umweltkoffer zum Test unter anderem auch wichtiger Kennwerte im Boden, so der Versorgung mit Nährstoffen, bieten folgende Firmen an:

Greenpeace-Schadstofftester:
Greenpeace Umweltschutz-Verlagsgesellschaft
Hohe Brücke 1
2000 Hamburg 11

Merck Bodenlabor „Agroquant“:
Firma Merck
Frankfurter Str. 250
6100 Darmstadt

VdSF-Kompaktlabor:
Vertriebsgesellschaft des Verbandes deutscher Sportfischer
Bahnhofstr. 35
6050 Offenbach

Test 2000 Ökologie:
Franckh'sche Verlagshandlung
Postfach 640
7000 Stuttgart 1

Für den speziellen Bedarf empfiehlt sich die preisgünstigere Beschaffung einzelner Teststäbchen oder Chemikalien bei den genannten Adressen

Bildnachweis

Die Zeichnungen fertigte Erhard Poßin, Lüneburg, nach Vorlagen des Verfassers.

Prof. Dr. Tomas Harrach, Gießen: Abb. Seite 37, 42, 43, 45.

Alle übrigen Farbfotos von Leonie und Eckhard Jedicke, Wettenberg.

Literatur

Arbeitsgruppe Bodenkunde (Hrsg.): Bodenkundliche Kartieranleitung. Schweizerbart'sche Verlagsbuchhandlung, Stuttgart/Hannover 1982, 3. Aufl.

Autorenkollektiv: Bodenkunde. VEB Deutscher Landwirtschaftsverlag, Berlin/DDR, 2. Aufl.

Beck, T.: Mikrobiologie des Bodens. BLV, München 1968.

Berlekamp, L.-R.: Bodenversiegelung als Faktor der Grundwasserneubildung. Landschaft + Stadt 19 (3), S. 129–136, Stuttgart 1987.

Breburda, J.: Bodenerosion und Bodenerhaltung. DLG-Verlag, Frankfurt/M. 1983.

Bund für Umwelt und Naturschutz Deutschland, Landesverband Baden-Württemberg (Hrsg.): BUND-Informationsmappe Rettet unsere Böden. Selbstverlag BUND-Umweltzentrum, Stuttgart 1985, 2. Aufl.

Bundesminister des Innern (Hrsg.): Bodenschutzkonzeption der Bundesregierung. Bundestags-Drucksache 10/2977 vom 7. März 1985. Verlag W. Kohlhammer, Stuttgart 1985.

Danzer Furnierwerke (Hrsg.): Nicht die Axt, das Feuer bedroht den Tropenwald. Holz aktuell 3/1981, Reutlingen.

Deutsche Landwirtschaftsgesellschaft (Hrsg.): Bodenschutz mit der Landwirtschaft: Bodenbelastungen, Ursachen, Folgen, Gegenmaßnahmen. DLG-Verlag, Frankfurt/M. 1986.

Ellenberg, H.: Zeigerwerte der Gefäßpflanzen Mitteleuropas. Scripta Geobotanica IX, Verlag Goltze, Göttingen 1979, 2. Aufl.

Global 2000 – Der Bericht an den Präsidenten. Verlag Zweitausendeins, Frankfurt/M. 1980/1986, 52. Aufl.

Graff. O.: Unsere Regenwürmer – Lexikon für Freunde der Bodenbiologie. Verlag Schaper, Hannover 1983.

Harrach, T.: Bodenbewertung für die Landwirtschaft und den Naturschutz. Zeitschrift für Kulturtechnik und Flurbereinigung 28, S. 184–190, Berlin/Hamburg 1987.

Hartge, K.H.: Einführung in die Bodenphysik. Enke Verlag, Stuttgart 1978.

Jedicke, E.: Kräuter als Geologen. Chancen 8/1987, S. 105–107, Köln 1987.

Kuntze, H., Roeschmann, G., Schwerdtfeger, G.: Bodenkunde. UTB-Taschenbuch, Verlag Ulmer, Stuttgart 1988, 4. Aufl.

Moll, W.L.H.: Chemikalien in der Umwelt. Taschenbuch für Umweltschutz, Band IV. UTB-Taschenbuch, Verlag Reinhardt, München 1987.

Mückenhausen, E.: Die Bodenkunde und ihre geologischen, geomorphologischen, mineralogischen und petrologischen Grundlagen. DLB-Verlag, Frankfurt/M. 1985, 3. Aufl.

Palissa, A.: Bodenzoologie in Wissenschaft, Naturhaushalt und Wirtschaft. Akademie-Verlag, Berlin/DDR 1964.

Rehfuss, K.E.: Waldböden – Entwicklung, Eigenschaften, Nutzung. Verlag Paul Parey, Hamburg/Berlin 1981.

Schaefer, M., Tischler, W.: Wörterbücher der Biologie: Ökologie. VEB Gustav Fischer Verlag, Jena 1983, 2. Aufl.

Scheffer, F., Schachtschabel, P.: Lehrbuch der Bodenkunde. Enke Verlag, Stuttgart 1984, 11. Aufl.

Schröder, D.: Bodenkunde in Stichworten. Verlag Ferdinand Hirt, Unterägeri/Schweiz 1983, 4. Aufl.

Seymour, J., Girardet, H.: Fern vom Garten Eden – Die Geschichte des Bodens. S. Fischer Verlag, Frankfurt/M. 1985.

Topp, W.: Biologie der Bodenorganismen. UTB-Taschenbuch, Verlag Quelle & Meyer, Heidelberg 1981.

Trolldenier, G.: Bodenbiologie – Die Bodenorganismen im Haushalt der Natur. Franckh'sche Verlagshandlung, Stuttgart 1971.

Umweltbundesamt (Hrsg.): Daten zur Umwelt 1986/87. Erich Schmidt Verlag, Berlin 1986, 2. Aufl.

Winter, R. (Hrsg.): Rettet den Boden. Ein Stern-Report. Verlag Gruner + Jahr, Hamburg 1985.

Register

Seitenzahlen mit Sternchen *
verweisen auf Abbildungen